令和最新版

中学受験

大逆転の
志望校選びと過去問対策

安浪京子
Yasunami Kyoko

ダイヤモンド社

巻頭特典 子どもに合う学校が一目でわかる⁉

「校風マトリクス」

校風マトリクスは、首都圏・関西などの主な私立中高一貫校の「校風」を、男子校・女子校・共学校・大学附属校に分け、**「秩序重視⇔自主性重視」「革新度」という2つの軸で表したもの**です。「革新度」とは様々な形態の教育機会や、チャレンジ、体験の場を学校が積極的に用意しているかの度合いです。

私立中高一貫校情報誌「ＳＣＨＯＯＬ」編集長の吉田玲呪氏ほか学校業界を長年、外から見てきた我々が感じる「学校の方針」をプロットしましたが、本当の「校風」は、「学校の方針」に「生徒たちの方向性」が組み合わさり、作られていくものです。ですからあくまでひとつの目安とお考えください。**詳しい見方は、本文のP．37～53をご覧ください。**

また、学校名の後についている（　）は、偏差値です（使用している偏差値についてはP．23を参照。数字がないところは、偏差値が開示されていない学校です）。なお、学校数の関係で、軸が等分になっていないこともありますが、各ゾーンには左のような特徴があります。

校風マトリクスの見方

左に行くほど学校が生徒の勉強や生活面の秩序には介入せず、自主性に任せる傾向。

上に行くほど、様々な形態の教育機会や、体験・チャレンジ等の場を積極的に用意している

右に行くほど学校が生徒の勉強や生活面の秩序を保つ傾向。

上に行くほど、様々な形態の教育機会や、体験・チャレンジ等の場を積極的に用意している

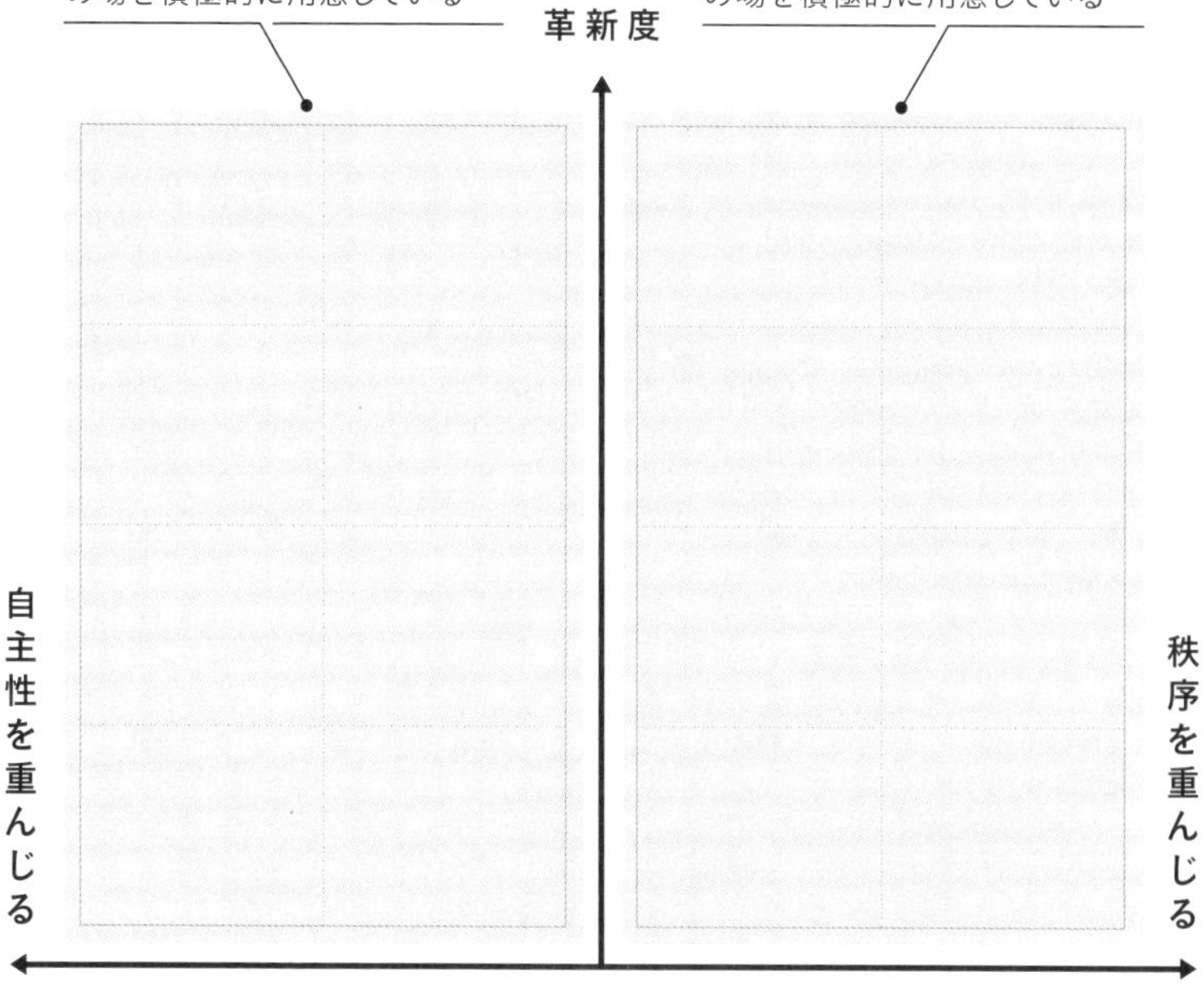

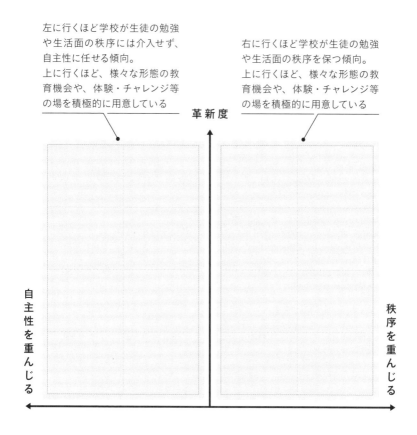

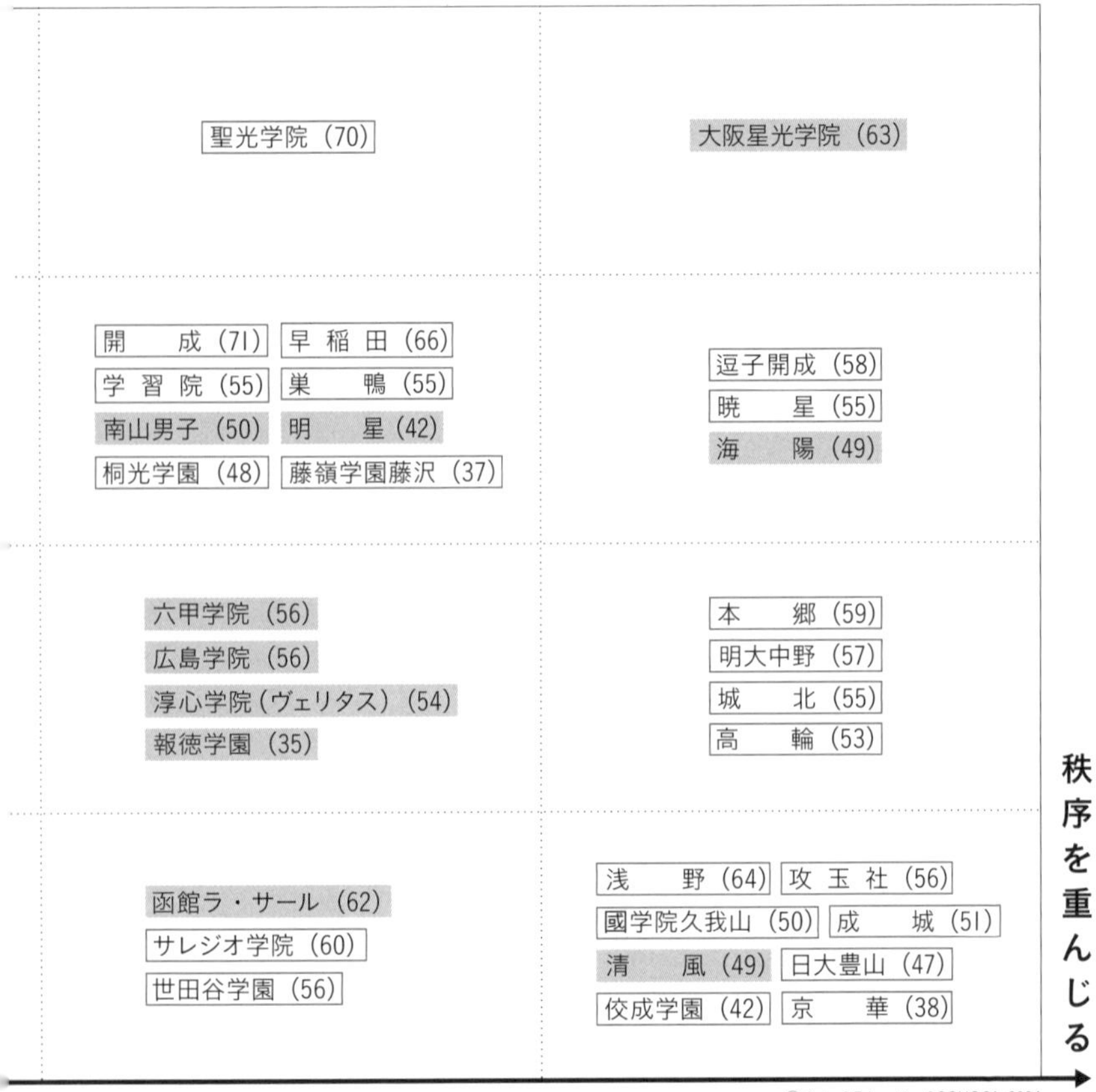
聖光学院（70）
大阪星光学院（63）
開　成（71）
早稲田（66）
学習院（55）
巣　鴨（55）
南山男子（50）
明　星（42）
桐光学園（48）
藤嶺学園藤沢（37）
逗子開成（58）
暁　星（55）
海　陽（49）
六甲学院（56）
広島学院（56）
淳心学院（ヴェリタス）（54）
報徳学園（35）
本　郷（59）
明大中野（57）
城　北（55）
高　輪（53）
函館ラ・サール（62）
サレジオ学院（60）
世田谷学園（56）
浅　野（64）
攻玉社（56）
國学院久我山（50）
成　城（51）
清　風（49）
日大豊山（47）
佼成学園（42）
京　華（38）
秩序を重んじる

校風マトリクス
【男子校】

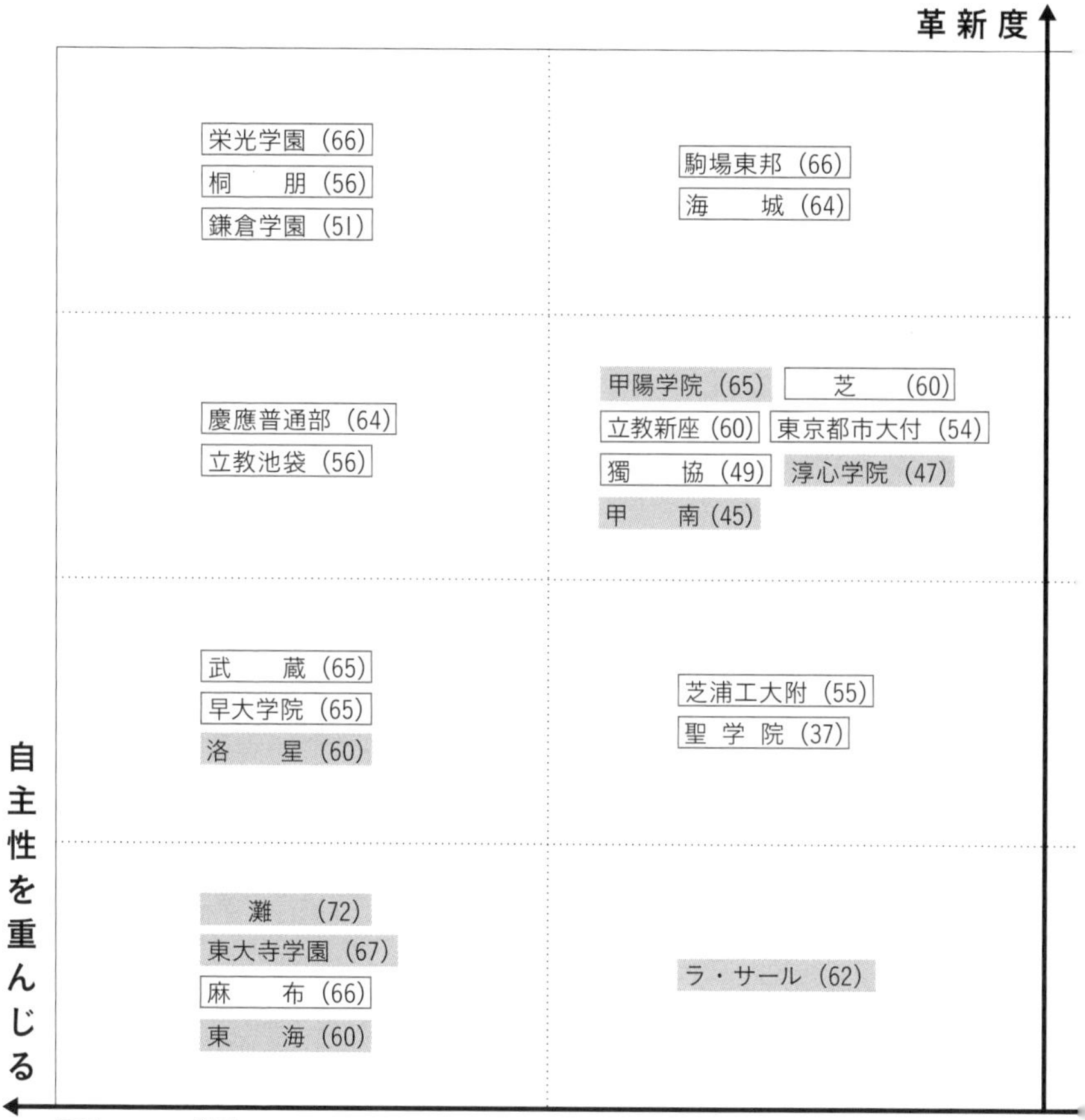

□…関東　■…関西＆その他の地方

女学館（50）
同志社女子 WR（55）
四天王寺 医志（65）
山脇学園（53）
学習院女子（59）
恵泉女学園（54）
共立女子（51）
甲南女子（36）
雙　葉（67）
洗足学園（66）
白百合学園（64）
横浜雙葉（53）
湘南白百合（52）
日本女子大附（51）
大妻中野（48）
江戸川女子（41）
広島女学院（41）
帝塚山学院（36）
小林聖心
桜　蔭（71）
四天王寺 英数（58）
三輪田学園（48）
昭和女子大附（47）
カリタス女子（45）
武庫川女子（39）
大阪大谷（34）
頌栄女子学院（61）
香蘭女学校（58）
桐光学園（44）
京都女子（40）
女子聖学院（40）
大妻多摩（38）
和洋九段
愛知淑徳（52）
鎌倉女学院（46）
豊島岡女子（69）
浦和明の星（65）
吉祥女子（64）
鷗友学園（62）
淑徳与野（58）
大　妻（54）
田園調布学園（52）
横浜共立学園（51）
富士見（50）
國學院久我山（50）
晃華学園（48）
実践女子学園（46）
光塩女子学院（43）
跡見学園（43）
十文字（40）
桐朋女子（37）
秩序を重んじる

校風マトリクス
【女子校】

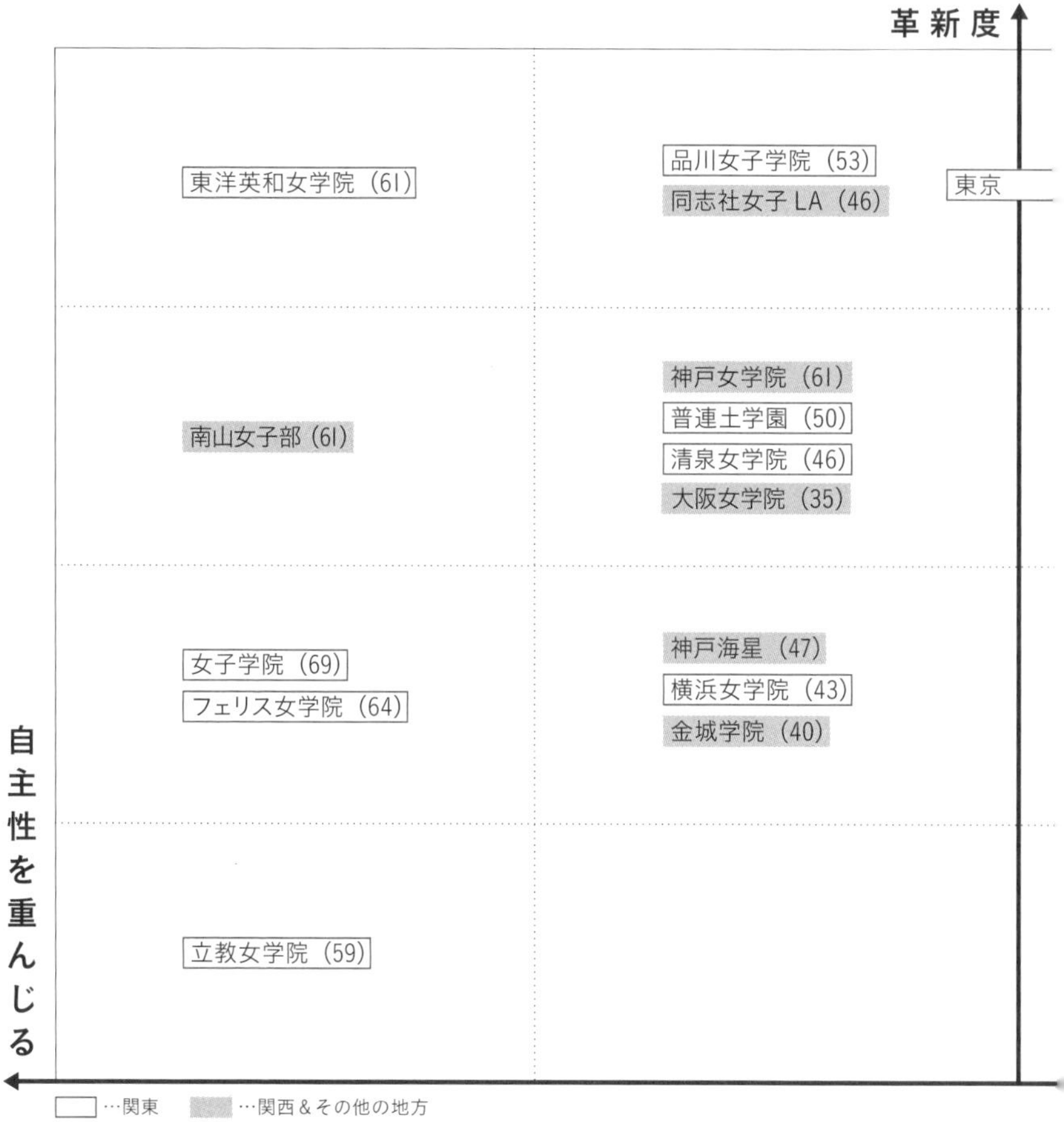
革新度
東京
東洋英和女学院（61）
品川女子学院（53）
同志社女子LA（46）
南山女子部（61）
神戸女学院（61）
普連土学園（50）
清泉女学院（46）
大阪女学院（35）
女子学院（69）
フェリス女学院（64）
神戸海星（47）
横浜女学院（43）
金城学院（40）
立教女学院（59）
自主性を重んじる
…関東
…関西＆その他の地方

広尾学園（62 65）
須磨学園（57 57）
茗溪学園（47 48）
西大和学園（67 69）
須磨夙川（51 51）
桐蔭学園（50 51）
三田国際（54 56）
開　　智（53 55）
順　　天（44 45）
滝　　川（42 42）
市　　川（65 68）
清風南海（57 57）
宝仙学園（42 43）
雲雀丘学園（48 48）
浦和実業学園（特待）（42 43）
西武文理（39 41）
八雲学園（37 38）
高　槻（59 62）
昭和秀英（59 61）
栄　東（58 61）
福岡大大濠（54 54）
江戸川取手（難関大）（52 54）
森村学園（49 51）
開明（43 44）
愛　　光（51 51）
帝 塚 山（50 50）
滝（60 60）
大宮開成（53 55）
安田学園（53 55）
青稜（52 54）
金蘭千里（44 44）
穎明館（43 44）
聖徳学園（43 44）
三田学園（43 43）
桜丘（42 41）
郁文館（40 40）
鶴見大附（40 40）
大阪桐蔭（40 40）
横浜翠陵
秩序を重んじる

校風マトリクス
【共学校】

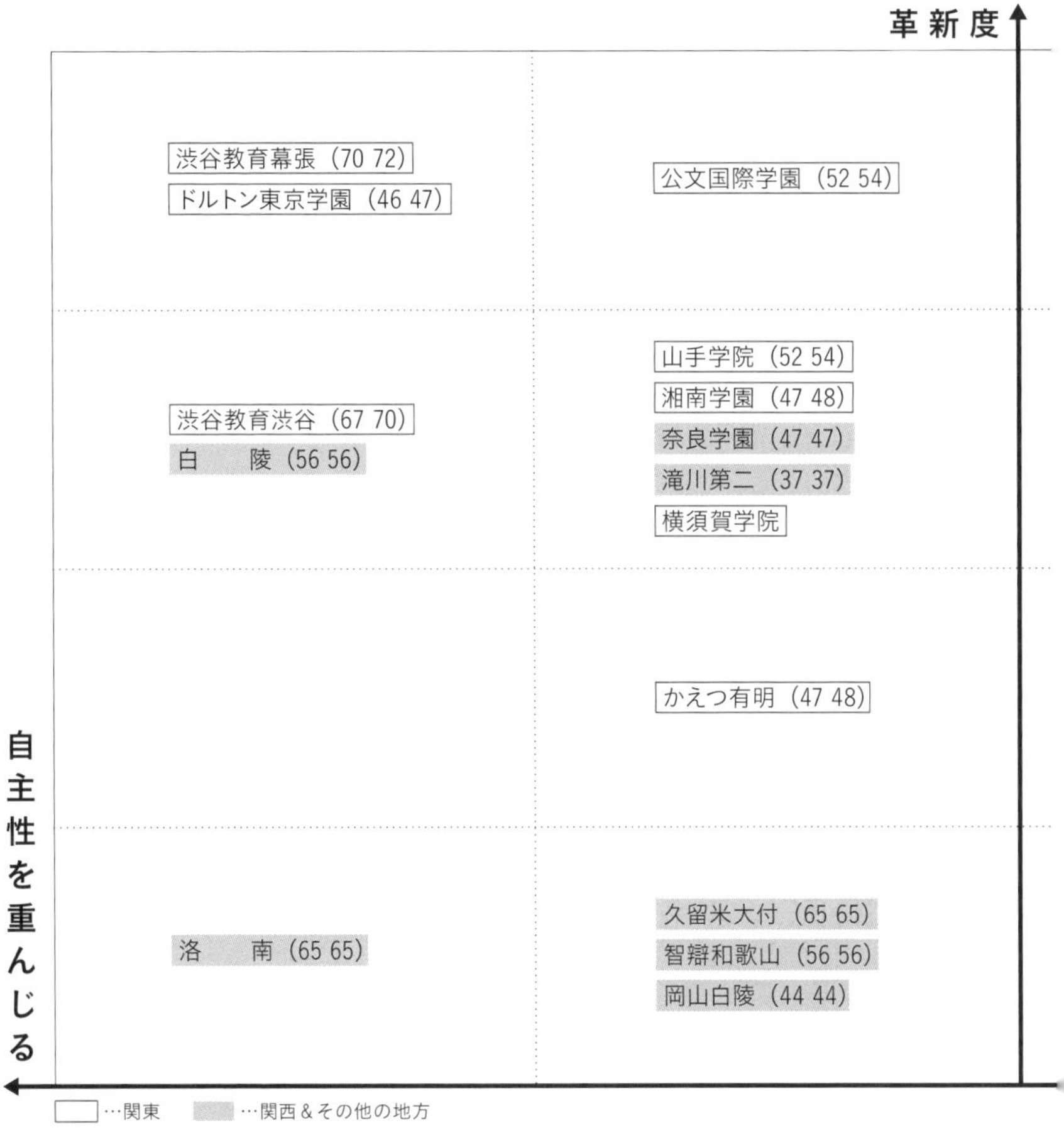

※（　）内の偏差値は（男子　女子）です。
※男女別学はそれぞれ「男子校」「女子校」マトリクスに記載しています。

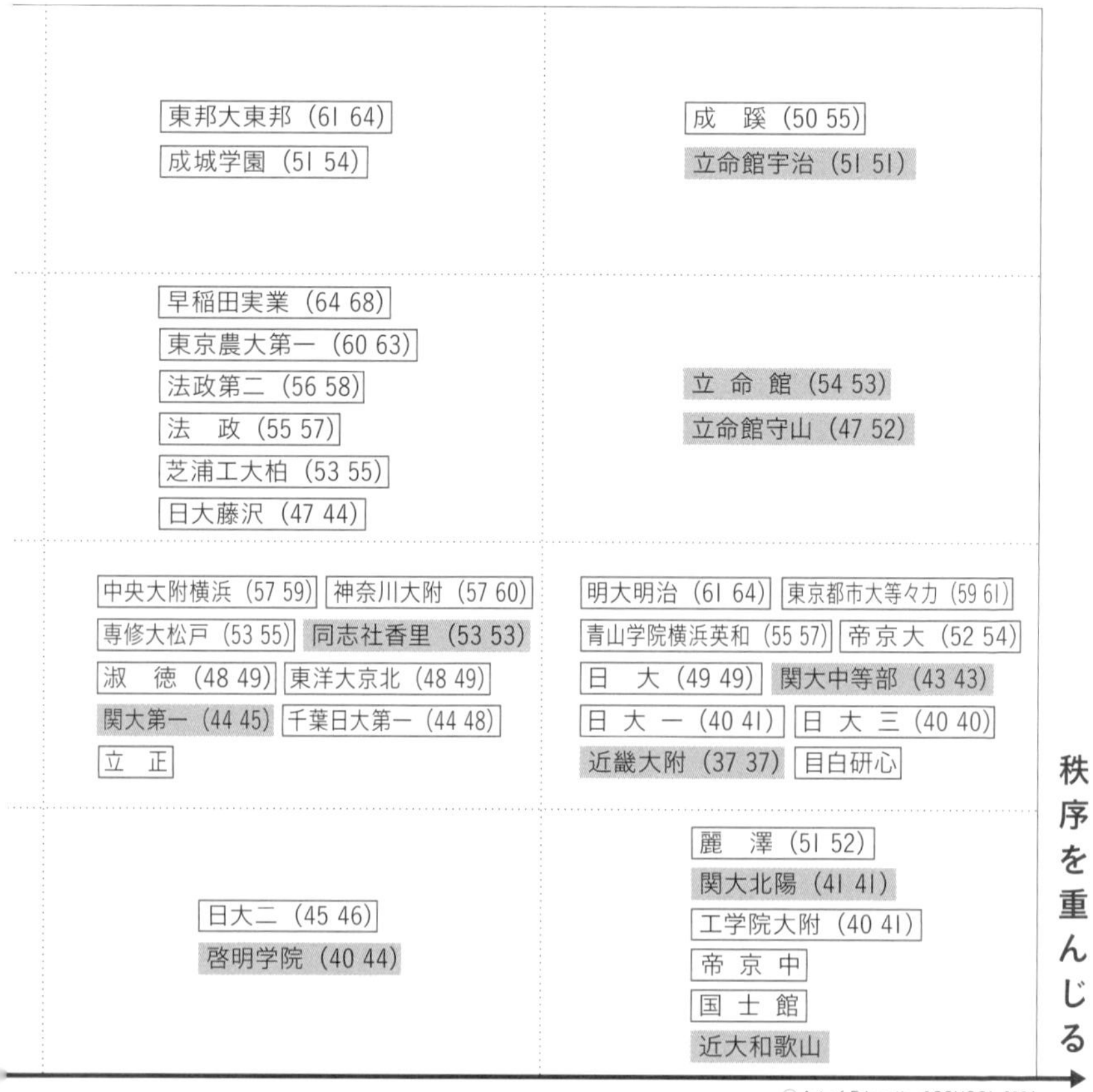
東邦大東邦（61 64）
成城学園（51 54）
成　蹊（50 55）
立命館宇治（51 51）
早稲田実業（64 68）
東京農大第一（60 63）
法政第二（56 58）
法　政（55 57）
芝浦工大柏（53 55）
日大藤沢（47 44）
立　命　館（54 53）
立命館守山（47 52）
中央大附横浜（57 59）
神奈川大附（57 60）
専修大松戸（53 55）
同志社香里（53 53）
淑　徳（48 49）
東洋大京北（48 49）
関大第一（44 45）
千葉日大第一（44 48）
立　正
明大明治（61 64）
東京都市大等々力（59 61）
青山学院横浜英和（55 57）
帝京大（52 54）
日　大（49 49）
関大中等部（43 43）
日　大　一（40 41）
日　大　三（40 40）
近畿大附（37 37）
目白研心
日大二（45 46）
啓明学院（40 44）
麗　澤（51 52）
関大北陽（41 41）
工学院大附（40 41）
帝　京　中
国　士　館
近大和歌山
秩序を重んじる

校風マトリクス
【大学附属校】

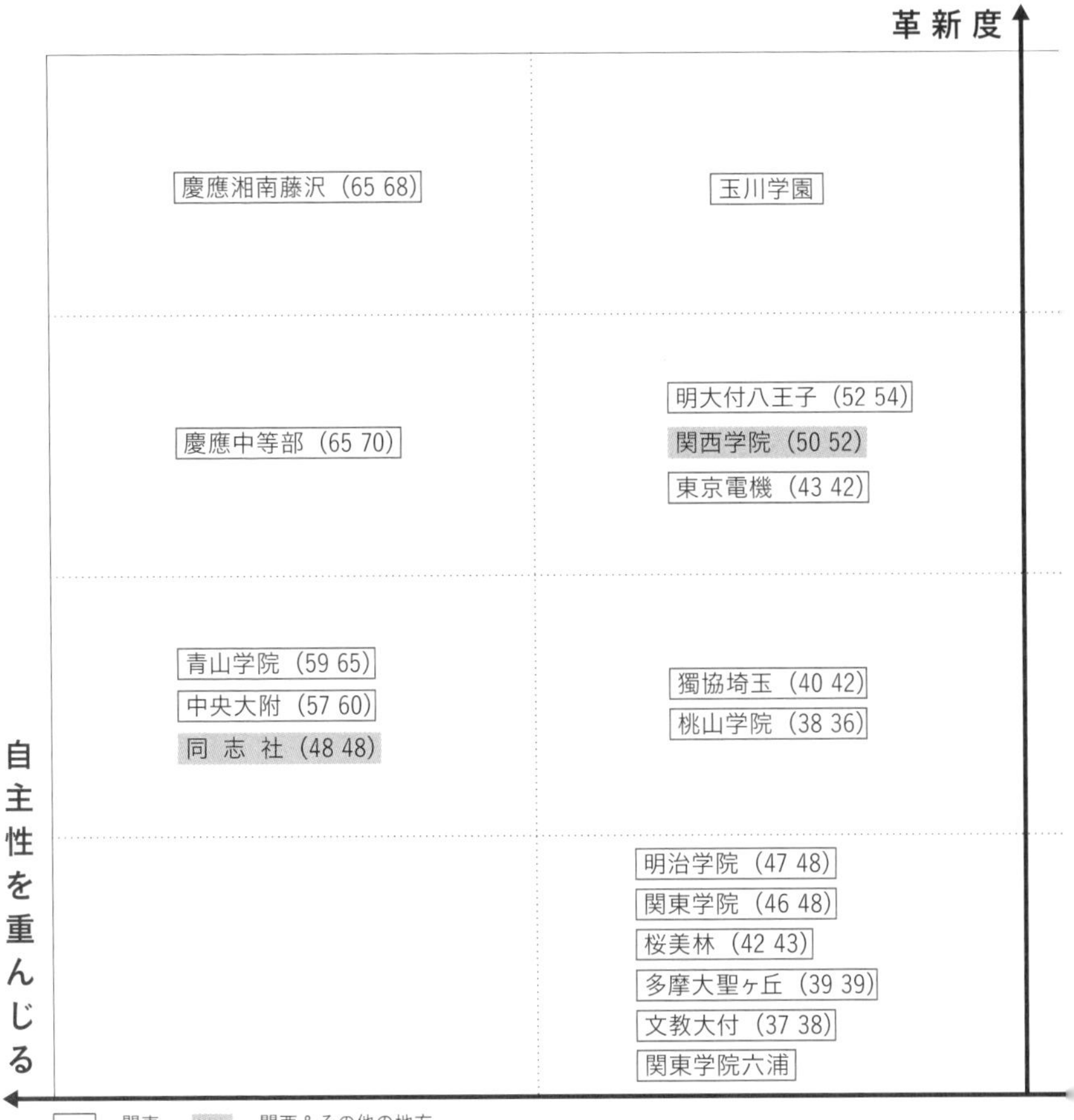

…関東　…関西＆その他の地方

※(　　) 内の偏差値は（男子　女子）です。
※このマトリクスには共学校しか記載していません（男子校、女子校はそれぞれのマトリクスに記載）。

はじめに

中学受験の過熱化は、年々拍車がかかっています。同時に、中学受験が多様化してきたのをひしひしと感じます。

実際、ここ数年の入試では中堅校に人気が集まっています。これは、「身の丈に合わない勉強をして最難関を目指さなくてもよい」「偏差値にとらわれず、我が子の良さが光る学校にご縁があればよい」と考えるご家庭が増えてきたからとも言えます。

しかし、世の中は少子化です。これは教育産業においては死活問題であり、塾も私学も生徒確保に躍起になります。

生徒を確保するために、塾や学校が魅力を磨く方向に進めば良いのですが、皆が皆、そうとは限りません。

教育は、不安を煽れば煽るほど過熱します。中学受験が多様化する流れと逆行するように、テストや偏差値、カリキュラムなどで、生徒やご家庭が不安に煽られる構造にも拍車がかかってきています。

私は中学受験専門の算数プロ家庭教師として、日々小学生たちの指導に当たっています。また、中学受験カウンセラーとして、たくさんのご家族から相談を受けたり、中学受験セミナーで色々なお話をさせて頂いています。

そんな中、**「偏差値至上主義でない中学受験」「我が子が幸せになる中学受験」を望んでいるのに、中学受験のシステムにからめとられて身動きが取れず、悩まれている方がかえって増えている**ことを痛感しています。

◎志望校選びの重要性

本書は2018年に文藝春秋から出した「中学受験　大逆転の志望校選び」をベースに、大幅に加筆しアップデートしたものです。内容は「志望校選び」と「志望校対策」の2本柱から構成されています。

志望校を校風で選べる〝日本初の「校風マトリクス」〟を世に出してから6年。その間に、コロナ禍による一斉休校、休塾がありました。「教育を止めてはいけない」と動き続けた学校、「時が解決してくれるだろう。何とかなるだろう」と行動を起こそうとしなかった学校……。決定的な価値観の差が浮き彫りになりました。今回、「校風マトリクス」を私立中高一貫情報誌「SCHOOL」の吉田玲呪編集長とアップデートするにあたり、「これほど学校の位置づけに変化があるとは……」と感慨深く、学校は「生き物」であることを実感しました。

中学受験は通過点であり、志望校はゴールではない——。誰しもが〝頭では〟わかっているその事実に加え、〝学校は絶対的な場ではなく、生ものである〟という点を、より具体的にお伝えできたらと筆を執ったのが、STEP1の「志望校選び篇（第1章、第2章）」になります。

◎ 志望校対策の重要性

志望校が決まったら、そこに合格するための勉強（志望校対策）が必要になります。私はオンライン相談会やVoicyなどで日々皆さんの相談に回答していますが、**6年生の夏頃から一気に増えるのが「過去問で点数が取れない」という悩み**です。

しかし、実際に相談内容を読んだり、お子さんが解いた過去問を見たりすると、過去問そのものの使い方や取り組み方がわかっていないだけという、本当にもったいない事例がたくさんあります。

STEP2の「志望校対策篇（第3章〜第6章）」は、そんなプロの観点から見た過去問対策の方法や、志望校の過去問との相性が客観的にわかる「算数マトリクス」「国語マトリクス」などをリニューアル&アップデートして載せています。**普段セミナーなどでお話しすることをさらに掘り下げ、他には例を見ないほどの充実の内容**となっています。

本書が、受験を控えたお子さん、そしてサポートされる親御さんたちにとって、自信を持って志望校に歩み寄っていく一助となれば、これほど嬉しいことはありません。

大逆転の志望校選びと過去問対策 令和最新版 もくじ

巻頭折り込み 志望校検討シート・学校説明会で「聞くこと」リスト・学園祭で「見ること／聞くこと」リスト

巻頭特典 子どもに合う学校が一目でわかる!? 「校風マトリクス」…… 2

はじめに…… 12

STEP 1 志望校選び篇

第1章 学力と校風で考える絞り込みメソッド

偏差値、知名度、先入観に踊らされずに志望校を選ぶために…… 26

01 皆が陥る「志望校選びの罠」とは？ 28
02 どのあたりの学校を狙えるか 30
03 現実的な志望校は6年生9月までに 33
04 学力以外の志望校選びの基準「校風マトリクス」とは 37
05 校風マトリクスで見る実例〜男子校 42
06 校風マトリクスで見る実例〜女子校 46
07 校風マトリクスで見る実例〜共学校 49
08 校風マトリクスで見る実例〜大学附属校 52
09 逆転合格の鍵を握る「過去問との相性」 54
10 偏差値の変遷と学校の盛衰 56
11 一科・二科・AO入試などの特殊入試も増えている 60
12 公立中高一貫校という選択肢 62
13 データに表れない部分もある 64
column 1 私立・国立・公立中高一貫・地元の公立 66

第2章

学校の真の姿を見極める情報戦略

外向きの情報だけでは真の姿はわからない……70
14▼「勉強」と「部活」の現実……72
15▼表に出てこない「切り捨て」「不登校」「いじめ」……76
16▼学園祭で先生の服装チェック⁉……78
17▼学校説明会で得られるお宝情報……82
18▼「グローバル教育」の本気度を見抜く……84
19▼塾に行かずに大学受験ができるかどうか……88
20▼早・慶・上・理の大学合格者数に騙されない……90
21▼大学入試が変わりつつある……93
22▼上位層ではなくボリューム層を見る……98
23▼学校の姿勢はこんなところにも……100
24▼学費・寄付金にも格差が……104

column 2 男子校・女子校・共学校・男女別学 …… 107

STEP 2 志望校対策篇

第3章 最大効果を上げる「赤本」の使いこなし方

「過去問は〝ダウンロード〟」だけでは不十分 …… 114
25 ▼「赤本」は目的によって使い分ける …… 116
26 ▼「赤本」をケチると後悔する …… 120
27 ▼点数を引き出す「赤本」の使い方 …… 123
28 ▼入試問題の実物は必須 …… 128
29 ▼早すぎる過去問着手は要注意！ …… 132
30 ▼過去問1回分は直前まで取っておく …… 136

31 第二・第三志望の取り組み方 138
32 家庭でできる、赤本を使った「頻出分野分析」のやり方 140
column 3 大規模校・小規模校 149

第4章 大逆転に直結する過去問の取り組み法

最大の逆転要因は「過去問との相性」 152
33 「算数処理力マトリクス」で過去問相性分析～解くスピード 154
34 「国語　読解文章量マトリクス」で過去問相性分析～読むスピード 158
35 「国語　記述量マトリクス」で過去問相性分析～記述問題の量 160
36 「解答用紙」は学校からのメッセージ 164
37 手ごわい「解答用紙」の攻略法 171
38 「マトリクス」と「解答用紙」で子どもとの相性を測る方法 176
39 家庭でできる頻出分野対策 178

40 ▼ 解く時に必ず行う3つの手順 …… 180
41 ▼ 合格最低点との点差を埋める見直し法 …… 186
42 ▼ 過去問カレンダーの作り方 …… 189
column 4 宗教校 …… 191

第5章 最短合格のためのプロの手法

無駄な遠回りをしない！ 6年生秋以降の合格最短ルート …… 194
43 ▼ 志望校別対策講座が有効な子、有効でない子 …… 196
44 ▼ 志望校レベルに合わない模試は意味がない …… 200
45 ▼ 模試にもタイプがある …… 204
46 ▼ 3ヶ月前の合格判定は40％くらいがちょうどいい …… 207
47 ▼ 模試の判定と過去問の出来、どちらが重要？ …… 209
48 ▼ 〝仕上がりつつある〟とはどういう状態か …… 212

49▼〝頑張ったら届く〟の見極め方……215
50▼〝頑張っても届かない〟の見極め方……218
51▼中堅校・標準校は、最後の詰め込みで突破できる！……222
52▼志望校対策を個別指導や家庭教師にお願いするなら……224
column 5 大学附属校……227

第6章 本番で我が子が力を発揮する受験スケジュール

「やって良かった」と思える中学受験にするために……232
53▼確認すべきは、受験日・合格発表日と「入学金期日」……234
54▼〝本命前受験〟は進学対象かどうかで選び方が変わる……237
55▼入試日程の組み方……241
56▼面接は合否につながるのか……246
57▼子どもへの合否の伝え方は慎重に……251

58 ▼「1校合格」と「全滅」は天と地の差……254

おわりに……256

巻末特典 過去問マトリクス（算数 処理力マトリクス／国語 読解文章量マトリクス／国語 記述量マトリクス）……263

※本書で使用している偏差値は、関東の学校は四谷大塚の2024年入試の結果偏差値、関西とその他の地方の学校は日能研の2024年入試結果R4偏差値です。

なお、本文中に出てくる、最難関校、難関校、中堅校、標準校の目安は右記の偏差値で、

▼**最難関校……70以上**
▼**難関校……60以上**
▼**中堅校……45以上**
▼**標準校……45未満**

としました。

※校風マトリクスや算数・国語マトリクスには、開校して3年以内の学校は扱っていません。
※本文中に出てくる学校は初出のみ所在地の都道府県を入れています。
※本書は、2024年4月現在の情報にもとづいています。

STEP-1

志望校選び篇

我が子に合う学校はどこ？
我が子が合格できる学校は？
「志望校選び」のヒントをお伝えします。

第1章

学力と校風で考える絞り込みメソッド

偏差値、知名度、先入観に踊らされずに志望校を選ぶために

「何のために中学受験をするのですか？」などと今さら聞かれたくないですよね。

もうさんざんご家庭で話し合われているでしょうし、様々な本や媒体で中学受験の意義が述べられています。そして、意外に耳の痛い質問であることも重々承知しています。

中学受験の是非について私も色々意見はありますが、それはさておき、**首都圏とそれ以外の地域では、中学受験に対するスタンスに大きな違いがある**と感じています。

首都圏では、4～5人に1人が中学受験をすると言われています。ここには様々な要因がありますが、他の地域と大きく異なるのは、

①私立中学校の数が多い
②塾やメディアに煽られやすい
③学童代わりに中学受験塾を選択する共働き家庭が多い

という点です。

首都圏や関西の一部以外の多くの地域では、周囲がほとんど地元の公立中学校に進むため「会社を継いでほしいから甲南（兵庫県）へ」「愛光（愛媛県）しか選択肢はない」「医学部進学率がすべて」など、強い目的や志望校ありきで中学受験が始まるケースが大多数です。

一方、首都圏では①②によって前提知識が植え付けられ、さらに③などの理由で受験のレールに乗ったり、「周囲が受験するから何となく」などと、強い動機や志望校不在で始まるケースが多々あります。

とはいえ、**中学受験は「6年間過ごす場所を自ら手に入れる」ことが第一の目的**です。多感な中高時代は、環境や友人関係に大きな影響を受けます。我が子の良さを最も伸ばせる学校はどこなのか。6年間学費を払い続ける価値のある学校はどこなのか。

ぜひ、偏差値や知名度、先入観や固定観念で志望校を選ぶのではなく、本当の学校の姿を知り、未来を見据えた志望校選びをしてほしいと思います。

01 皆が陥る「志望校選びの罠」とは？

中学受験をするからには受験する学校が必要ですが、塾に通い始める（あるいは中学受験をしようかと思う）時点では、志望校に対する認識が家庭によって異なります。

大きく分けると次の3つでしょう。

①もともと行かせたい学校がある（親の母校、憧れなど）

いわゆる有名校や伝統校が多いようです。進学校やカトリック校、大学附属校で親自身が充実した中高6年間を送った、あるいは社会に出て何らかのメリットを感じた等の理由から「これ以外の学校は考えられない」というご家庭。

②情報を見聞きして、ある程度行かせたい学校を絞り込んでいる

「女子校で周囲の目を気にせず、のびのびしてほしい」「国公立大の合格者数はやはり重要」「好きなことをさせたいから高校受験で時間を取られたくない」「学費を抑えつつ良い環境を用意したい」といった理由で、進学校や大学附属校、公立中高一貫校など、学校群が決まっているご家庭。

③開成、灘、御三家などの言葉は聞いたことがあるが、それ以外はよく知らない

親が中学受験をしていないケースが多く、子どもの学力を見てこれからおいおい決めていこう、というご家庭。

◎典型的な「志望校選び」パターン

このように、一口に志望校選びといってもご家庭によって立ち位置は様々です。しかし、塾では5年生の段階で志望校調査書が配られ、選んだ学校を3～5つほど書かされます。この時点で、どのご家庭も志望校選びが現実味を帯びてきます。

ここで皆さんが書くパターンとしては、

・**偏差値の高い順に書く**……「駒場東邦、海城、芝（すべて東京都）」など
・**同じ偏差値帯を横並びに書く**……「桜蔭、豊島岡女子、慶應中等部（すべて東京都）」など

の2種類が主流であり、いずれも偏差値という軸に縛られたものです。

しかし、**この選び方はお子さんによっては非常にコストパフォーマンスの悪い選び方（！）**と言えます。この点については、追って説明していきます。

02
どのあたりの学校を狙えるか

志望校を選ぶ際、絶対に外せないのは「お子さんの学力」です。成績、塾のクラス、さらにシビアには偏差値と言い換えることができます。

ただし、**基本的に5年生が終わるまでの成績はあまりあてにならず**、私も6年生の初期段階でカウンセリングをする際は、4、5年生時の偏差値ではなく「現時点での子どもの能力」を見ます。というのも、5年生までの学習内容というのは、塾で習うことを丸暗記すれば一定の点数が取れてしまい、テストでもそれほどひねった問題は出されないからです。

4、5年生のうちは、現実的か否かを度外視して志望校を設定しても良いですが、**6年生の春頃からは、ある程度現実的な学校を絞り込んでいく必要があります。**

その一助として、どのあたりの学校を狙えるのか、次の指標を参考にしてみて下さい。

ただし、11～12歳は成長度合いの個人差が非常に大きいため、必ずしもこの通りとは限りません（＊最難関校～標準校の偏差値の基準は、P．23をご覧ください）。

◎テキストが半分以上自力で理解できるなら最難関校も

○最難関校

塾のテキストの半分以上は自力で理解でき、塾のカリキュラムに乗った上で点数を出し、上位クラスにいられる。つまり、**公開テスト（範囲の決まっていないテスト）も復習テスト（範囲の決まっているテスト）もそれなりの結果を出している。**

ただし、低学年から家庭教師をつけたり、親の監視のもとで勉強漬けでギリギリ上位クラスの下の方に引っかかっている、というタイプは、6年生になると失速したり周囲に抜かれて、入試前に息切れしてしまう可能性大。

○難関校

公開テストで正答率が70％以上の問題は基本的に落とさない（苦手分野はこの限りではない）。また復習テストに〝自力で〟対策をして臨んだ場合、7～8割は取る力がある。

○中堅校

範囲の決まっている復習テストは、〝親や家庭教師の力を借りて〟対策をして臨んだ場合、7割以上は取る力がある。この層は塾との相性が非常に大きい。難関校以上向けの塾（サピックス、希学園など）で苦しんでいるならば、中堅校に強い塾（日能研など）に転塾すべき。

○標準校

小学校のカラーテストで7～8割取れている。範囲の決まっている復習テストは、〝親や家庭教師の力を借りて〟対策をして臨んだ場合、5割程度は取る力がある。

ただし、小学校のカラーテストが5割前後であったり、子どもの成熟度が低く、あまりに親子衝突が激しいようならば、中学受験は要再考。

我が子の実力を親が判断するのは難しいと思いますが、現状に目をつぶって理想の志望校だけを追い求めるのも、能力がないと早々に諦めるのも、どちらも危険です。

塾や先生との相性、家庭でのフォローの仕方によって、成績は乱高下することを知っておいてほしいと思います。

03 現実的な志望校は6年生9月までに

家庭内である程度、志望校を持っておくことは非常に大切です。なぜならば、志望校を決めなければ、

- **学力を向上させる**
- **モチベーションを維持する**
- **志望校対策の打ち手を考える**

ことができないからです。

第一志望は早い段階からあるに越したことはありませんが、1年生が「ぼく、カイセイ！」と言っているのは、まだ夢の段階。4年生でもまだ子どもの実力は測れません。

夢物語ではない第一志望校は、6年の春頃にある程度固まっているのが理想です。そして、志望校対策に3ヶ月以上は必要なことを考えると、**9月中には現実的な志望校を決めたいところです。**

◎第一志望は「背伸びをしたら届くかも」というところ

第一志望は余裕で合格できる学校ではなく、背伸びをしたら何とか届くかも……というレベルが最適です。なぜなら、そこを目指して勉強しなければ、学力は伸びず、モチベーションを維持することもできないからです。

「ノミの天井」という有名な話をご存じでしょうか。ノミは非常に高くジャンプする能力を持っていますが、飼育ケースの中で飼うと、ジャンプのたびに天井にぶつかるため、小さく跳ぶことを学習します。その後、飼育ケースの天井を取っ払っても、ノミは本来のように高く跳ぶことはせず、小さくしか跳べなくなります。

もし、6年春の段階で第一志望のB校が余裕で手の届くレベルだった場合、子どもはそこに合格するための努力しかしません。関東では3〜4人に1人しか第一志望に合格できないといわれますが、**合格を取っていくのは、その学校より難度が上であるA校の志望者たち**です。第一志望がB校ならば、なおさらA校を〝目標〟として持っておくことをおすすめします。

第二、第三志望は、第一志望の合格可能性との兼ね合いによって左右されますが、対策や過去問を解く時間を考えると、**第二、第三志望は本番の3ヶ月前には決めておいて下さい。**

とはいえ、子どもの点数や偏差値は一定しません。秋の学園祭などで気持ちが変わることも、現実を見て志望校を下げることもあるでしょう。

実際、Hちゃんはずっと「桜蔭」を目指して頑張っていましたが、模試で思うような結果がなかなか出ず、本番2ヶ月前に第一志望校を「豊島岡女子」に変更しました。このように、高い目標に向けて努力してきた上で変更することはよくあります。

◎志望校を絞り込むことも大切

F君のご家庭の志望校は「早稲田実業、都立小石川（ともに東京都）、慶應湘南藤沢（SFC／神奈川県）」でした。この3校はいずれも難関校であり、出題傾向も対策も全く異なります。

6年の夏までは、本人やご家庭のモチベーション維持のために「どこも良い学校ですよね」と容認していましたが、夏休みが終わった段階で「第一志望を絞って下さい」とお話ししたところ、「どうして絞らなきゃダメなんですか！　全部受験しちゃダメなんですか!!」と言われました。

どこも余裕で合格できる力があれば、この3校を併願しても問題ないのですが、この時点での偏差値に15以上の開きがあるF君にとってはどの学校も完全にチャレンジ校です。私立の早実かSFCに絞って徹底的に対策をしても、合格できるか否か——という状態であること、地元の公立に行かせる気がないならば確実に合格できる第二志望、第三志望を決めておく必要があること、塾では過去問を解く指示が出ているが、まだF君は解けるレベルでなく対策が必要なこと等を説明しました。

しかし話は平行線のまま、冬を迎える前に私はこのご家庭の指導をクビになりました。

中学受験はシビアです。

どれだけ願っても、気合を入れても、本人の学力に見合った点数しか取ることができません。

人間は夢や希望がないと気力を失います。しかし、夢だけでは現実を見失います。

ぜひ、ある程度現実的な志望校を、しかるべき時期までに見つけて下さい。

04 学力以外の志望校選びの基準「校風マトリクス」とは

ここまで、主に学力での志望校選びの基準をお話ししてきました。しかしもちろんそれだけではありません。

選択肢の多い私立中学の中から学校を選ぶ際、何から考えれば良いのかわからない――という方が多いと思いますが、私立中学が公立中学と決定的に異なる点が2つあります。

1点目は**「私立には文化がある」**ということです。これは「校風」と言い換えることもできます。

文化は長い時間をかけてつくられるものですが、国公立の中学・高校は学校のトップである校長をはじめ、諸先生方は公務員であり、数年で異動となります。そのため、私立ほどの文化が根付きにくいのは否めません。

一方、私立は良くも悪くも何十年と先生が変わらないため、文化が形成されていきます。

2点目は**「共学校」の他に「男子校」「女子校」「大学附属校」が存在する、**ということです。この4カテゴリーは学校のタイプが全く異なり、思考や行動様式にも少なからず影響を与えます。

「孟母三遷《もうぼさんせん》」という言葉をご存じでしょうか。墓場のそばに住んでいたために葬式のまねばかりしていた孟子を見かね、母親が市場の近くに引っ越しました。すると、孟子が商人の駆け引きをまねるので、今度は学校のそばに引っ越しました。すると礼儀作法をまねるようになり、ここここそ教育に最適だとしてその場所に落ち着いたという**「子どもは周囲の影響を受けやすいので、教育には環境が大切である」**という故事です。

◎ 学校を選べるマトリクスを作成！

お子さんは、男子校、女子校、共学校などのカテゴリー別に、この「文化」という環境の中で6年間を過ごすことになります。直接、学園祭や学校説明会に足を運んで、それを体感できればいいのですが、足を運べる学校数には限界がありますよね。

そこで、この「文化」を、一定の軸をもうけてマトリクスにしました。それが冒頭のP.4〜11に掲載した「校風マトリクス」です。

これはあらゆる学校に精通していないと作成できませんが、私立中高一貫校情報誌「SCHOOL」の吉田玲呪編集長はじめ、長年にわたり中学受験業界に携わってきた諸先生方のご協力のもとに「令和最新版」が完成しました。

初めてこのマトリクスを作成して世に出したのは2018年。それから6年以上経つ中で、コロナ禍があり、管理職の異動や学校改革・リニューアルなどもありました。今回最新版を作るにあたり、より良く成長している学校、変化のない学校、勢いの衰えてきた学校など違いが如実で、まさに、**「学校は生き物である」ことを改めて実感しました。**

◎校風マトリクスの見方

学校によって文化は様々ですが、多感な第二次性徴期において重要であろう「秩序を重んじるか、自主性を重んじるか」の軸と、「革新度」の軸を設定。「男子校」「女子校」「共学校」「大学附属校」の4カテゴリー別にマトリクスを作成しています（大学附属校に関しては、一部の学校は、「男子校」「女子校」カテゴリーに振り分けているものもあります）。

「麻布も女子学院（ともに東京都）も非常に自由」とはよく言われますが、男子校と女子校では自由の質や幅が異なり、同列に比べることはできません。ですので、あくまでそれぞれのカテゴリーの中での相対評価として見て下さい。

基本的には、

- **横軸　「学校が勉強や生活面の秩序を保つ」⇔「秩序にそれほど介入せず生徒に任せる」**
- **縦軸　学校として様々な形態の教育機会を取り入れたり、個や集団の育成のためにチャレンジや体験の場を積極的に用意している**

となっています。

ただ、同じゾーンにプロットされているからといって、それらの学校が似ているわけではありません。学校によって「秩序」「自主性」の定義も「革新度」の意味合いも異なります。

◎自分の子どもに最適な学校を探すために

このマトリクスは、〝どちらに寄っているほうが良い〟というものではありません。

自主性に任せる方が伸びる子・どこまでも緩み切ってしまう子、管理されることによってコツコツ頑張れる子・反発してやる気をなくす子、色々なことに興味を持つ子・萎縮する子――本当に様々です。

今回の校風マトリクスは、前出の吉田玲晛氏ほか、多くの教え子達を様々な学校に送り込んできた我々が**「学校の方針」**を客観的に見てプロットしたものです。ただし、学校が様々なチャレンジの場を用意していても、それを活かすか否かは生徒次第です。

つまり、**本当の「校風」は、「学校の方針」と「生徒たちの方向性」が組み合わさってできるもの。**ですから、皆さんが実際に学校に足を運ぶと「学校側はガチガチに管理しようとしているのに、生徒には全然効いちゃいない」「自主性に任せているというよりは放任だ」など、ここでの評価とは違う様々な感想を持たれると思います。

あくまで、この校風マトリクスは我々からの提案という形で作成したものですので、ご家庭の感じ方に合わせて、マトリクスを作り替えて頂ければと思います。

では、次からカテゴリー別に見ていきましょう。

05 校風マトリクスで見る実例〜男子校

男子は中学入学時点ではまだ精神的に幼く、きちんとしつける必要があるため、どの学校も中学時代はある程度の秩序（管理）下で過ごすこととなります。よって**男子校マトリクス（P．4〜5）の横軸は高校生活を主体にして作成**しています。

マトリクスで似た位置にプロットされていても、学校のカラーは異なります。いくつかゾーン別に見てみましょう。

◎ 左ゾーンの学校には自分を律することができる生徒が

男子校で左ゾーンは、自分自身を律することができる成熟度の高い生徒が集まる学校が主体となります。これは中学受験のための勉強への姿勢にも通じるため、おのずと高偏差値帯の学校が多くなります。また、制服のない学校が多いのも特徴です。

左ゾーン上の「桐朋（東京都）」はいわゆる校則がなく、中学生は制服ですが高校生は私服となります。実際に通われているご家庭からすると、このゾーンへのプロットは「その通り！」「そうは思わない」と意見が二分するかもしれません。

というのも、学年主任によってカラーが異なるためです。つまり毎年、入ってきた生徒たちをどのように伸ばすかを慎重に見定めているとも言えます。

とはいえ、世間を賑わした２０２４年卒業式の答辞（78期生全員の氏名を1文字ずつ組み込む）は、桐朋が大切にしている「自主の精神」に溢れたものでした。学年ごとにカラーが異なっても、根底の部分がブレることがない学校の代表格です。

左ゾーン下には自由の代表格といわれる「麻布（東京都）」が入っています。昔の校則は「下駄をはいてくるな、授業中麻雀をするな、出前をとるな」の３つのみで、あとは何をしてもいいというものだったそうです。

この雰囲気は現在も生きていて、学校説明会で保護者からの「金髪の生徒がいたのですが……」という質問に対し、学校側は「うちには緑もいます」と答えたとか。

一方、「先生を頼らず何でも自分たちでする」という意識が健在なため、学校側が様々な体験の機会を積極的に提供することはありません。そのため、**言われたことを真面目にコツコツ取り組むタイプのお子さんは、何をしていいのかわからずオロオロすることにな**

ります。

◎かつてのイメージから変化している学校も

時代と共に生徒と保護者の質も変わってきています。

昨今は「もっと宿題を出してほしい」「しっかり面倒を見てほしい」という保護者からの要望が増え、もともと勉強に関して面倒見の良い「東大寺学園（奈良県）」でも、自由で有名な「甲陽学院（兵庫県）」でも、宿題の量がかつてより増えています。OB生が現在の母校を見ると驚くのではないでしょうか。

真ん中ゾーンは「自主性、秩序どちらかに大きく振っていない」学校が多く集まっています。

「明星（大阪府）」は、入学前に出される宿題に日付が割り振ってあります。主体的に学習を進められる生徒には過保護に映りますし、自分ひとりでの学習習慣がついていない子には面倒見が良いとも言えます。

「巣鴨（東京都）」は、「お、ふんどし遠泳か！」と古い体質のイメージを植え付ける塾の先生が未だに多いのですが、「ふんどし水泳」は開成にも学習院にもあります。

巣鴨は国際教育に力を入れており、独自の英語教育に加え、異文化体験を学ぶ機会をたくさん設けている等、まさに革新性に富む学校ですが、これらは希望者制です。つまり、この機会を活かすかどうかは生徒・ご家庭次第となります。

かつては巣鴨と「六甲学院（兵庫県）」が似た〝イメージ〟で語られていました。「訓育活動」として上半身裸・裸足・素手でのトイレ掃除が有名だったからです。

しかしコロナ禍を経て、今は着衣・ゴム手袋でのトイレ掃除となっており、甲陽学院同様にＯＢ生が母校を見ると驚くほどマイルドな校風になっています。

右ゾーンの「大阪星光学院（大阪府）」も桐朋同様、**入学してきた生徒によって指導の方向性を定め、学年によってカラーが異なります。**校則や規律が比較的厳しめですが、先生と生徒の距離が近く、合宿、スキー、登山など全員参加型の行事が多く、部活も盛んです。まさに「共にいて青少年の人生をアシストする」という教育理念をうかがい知ることができます。

06 校風マトリクスで見る実例～女子校

女子校の有名なたとえに「もし道に空き缶が落ちていたら」というのがあります。

桜蔭生は「本を読むのに夢中で缶が落ちていることに気づかない」。

雙葉生は「そっと拾ってゴミ箱に捨てる」。

女子学院生は「その空き缶で缶蹴りを始める」。

それぞれのカラーがあるものの、女子は男子と違って大きくハメを外すことがなく、中高での管理度合いはそれほど異なりません。そこで、**女子校のマトリクス（P．6～7）の横軸は中高共通で作成**しています。

◎ 女子校の「秩序」とは

神奈川女子御三家の「フェリス女学院」「横浜雙葉」「横浜共立学園」（すべて神奈川県）。この3校を見ると〝秩序〟の様々な意味がよくわかります。

左ゾーン中のフェリス女学院は明文化された校則がなく、細かい進路指導もありません。**プロテスタント校は基本的に「自主・自立」を大切にしており、**「女子学院」「東洋英和女学院（東京都）」もこのゾーンに入ります。

一方、右ゾーンで注目すべきは、横浜雙葉と横浜共立学園。同じ「秩序」重視でもその内容は大きく異なり、横浜雙葉は昔ながらの校則で生徒をしつけ、横浜共立学園は宿題やテストが多く、勉強面で生徒を管理しています。また、このゾーンはカトリック校が多く見られます。

勉強管理といえば、「頌栄女子学院（東京都）」は帰国生が多く、生徒が先生をあだ名で呼ぶなど、学校見学に行くと一見、自由な学校に見えます。しかし宿題が多くしっかり管理します。「勉強が忙しくて色々経験している時間はないでしょ」というスタンスなのか、様々な体験の場はそれほど用意されていません。

「豊島岡女子」は、集中力を鍛えるために毎朝〝運針〟があります。中高6年間続くこの運針は、基礎の大切さと共に、継続は力なりを体感させ、それを勉学に反映させることが目的です。学習課題が多く、定期テストの順位も細かく知らされ、成績下位者に対しても先生の目が光っています。制服の着方も厳しく指導されるため、池袋という繁華街の中心にあっても、生徒たちは規律正しく通学しています。

とはいえ、これらはあくまで学校の方針。どの学校も、学校の目を適度にすり抜けて、しっかり楽しんでる子達は沢山いますのでご安心ください。

◎「体験」豊富な子が集まることによってカラーが作られる学校も

では、女子校で革新度が高いといえばどのような学校があるのか。**ここで混同しやすいのが、〝学校が用意しているのか〟あるいは〝家庭で勝手に経験させているのか〟。**

真ん中ゾーン上の「品川女子学院（東京都）」は28プロジェクトや国際教育に代表されるように、革新性に富む女子校として有名ですが、この場を活かして色々チャレンジする子と、何もしない子に二極化します。繰り返しになりますが、学校が場を用意しても、それを活用するか否かは本人・ご家庭次第です。

逆に「神戸女学院（兵庫県）」は様々な経験をしている生徒が多く、革新性に富む雰囲気がありますが、これは学校ではなく家庭の力。修学旅行先が国内なのも「海外は家庭で行っているでしょ」というスタンスです。

07 校風マトリクスで見る実例～共学校

共学校は男子校、女子校に比べると学校の個性はそれほど強くありません。

というのも、**多感な時期に異性の目があると思い切り自我を解放しづらく、異性を意識した「男らしさ」「女らしさ」の中で生活していくことになる**ためです。「リア充（カップル）」も多く、学園ドラマのような学生生活を送ることも可能です（もちろん人によりますが）。

元男子校・元女子校から共学化した学校もずいぶん増えました。**共学化すると人気が上がるため、経営難で共学化した学校（リニューアル共学校）も多い**ですが、うまくいっている学校とそうでない学校の明暗が分かれます。また、それらの学校の多くが経営を維持するために高校募集を行っています。

元男子校か、あるいは元女子校かでも大きくカラーが異なります。形だけ共学化して中身は前身のままという学校では、男子校の中で女子が、女子校の中で男子が生活することになります。元男子校の先生にとって、女子との間合いを読むのは難しく、生徒が何かしでかした時に、男子にはガツンと、女子には忖度した叱り方になります。ここで男女間に不平等が生じ、不満を持つ生徒は少なくありません。また、勉強のできる女子は成熟度が高く、弁も立つのであっという間に男子を支配してしまいます。このような様々な理由から、共学校の多くが、女子より男子の募集定員を多くしています。これでちょうどバランスが取れるのです。

◎注目株の「ドルトン東京学園」

共学校の校風マトリクス（P.8〜9）の中で、抜きんでて特徴があるのは、左ゾーン上の「ドルトン東京学園（東京都）」です。

国内で唯一、ドルトンプラン（米国で提供された教育メソッド）を取り入れており、従来の学校のイメージで見学に行くと、その教育内容や施設に度肝を抜かれるのではないでしょうか。生徒自身で学習計画を立て、複数教科を連携させた探究型学習を実施しています。

そもそも探究型学習は画一的な点数で評価できないため、ドルトンには定期テストがありません。すべてに自主性が求められ、授業や生活そのものが革新性に溢れています。

2019年開校なので卒業生はまだ出ていませんが、「国立大／医学部／早慶」といった軸とは全く別の、いわゆる偏差値とは無関係のバラエティに富んだ進学実績になるのでは、と言われています。

◎ 早くから特徴的な教育に取り組んできた「渋幕」「渋渋」

左ゾーン上の「渋谷教育幕張（千葉県）」と「渋谷教育渋谷（東京都）」も特徴的な学校です。海外の名門大学を目指し、グローバル人材を育てるため早い段階から国際イベント、企業との連携に取り組んできました。生徒一人一人の活躍も華々しく、どちらかというと学校側が用意するというよりは、尖った子が集まりやすい、つまり神戸女学院のように「家庭の力」によるところも大きいのではないでしょうか。

真ん中ゾーン上「須磨学園（兵庫県）」は、中2でアジア、中3でアメリカ、高1でヨーロッパを訪問する「世界一周研修旅行」が有名です。こちらは「家庭の力」ではなく、「学校が用意した場」に「全員参加」というのが特徴的です。

マトリクス上ではいずれも〝革新度の高い〟位置にプロットされていますが、同列で語ることはできない点を繰り返し強調しておきます。

08 校風マトリクスで見る実例 ～大学附属校

大学附属校のマトリクス（P.10～11）は、前述の共学校よりカラーが明確です。これは縦軸・横軸以上に大学の個別のカラーに影響を受けるためです。系列大学が潤っていればその恩恵を受けられますが、そうでない場合はお金やリソースは回ってきません。**大学改編の影響もあり上位にある大学がどのような状態かも見ておくのは必須です。**

大学附属を希望するご家庭は、系列大学への進学を望まれるケースがほとんどですが、大学側は定員厳格化もあり、大学入試を突破するのに見合う生徒を附属校に求めるようになっています。そのため、**ここ数年で多くの大学附属校がかなり勉強をさせるようになり**、全体的に右ゾーンへの移動が見られます。

◎ 他大学への進学が多い進学校的な附属校も

右ゾーンの「立命館（京都府）」は高校2年まで進学校並みに勉強させ、毎年下位10人程度が進級させてもらえないというシビアな状況となります。その成果もあって、国公立大学をはじめとする進学実績も特筆すべきものがあります。

真ん中ゾーンの「法政第二（神奈川県）」は部活動が非常に盛んです。物理部は「缶サット甲子園」で5回目の全国優勝を果たし、世界大会へ。海外留学制度も充実し、大学受験がないからこそ一つのことに打ち込めて、それを後押ししてくれる資金もあるという恵まれた環境です。

真ん中ゾーン上の「成城学園（東京都）」は、中学3年生になると週4時間の選択授業があり、進学校で削られがちな音楽、美術、書道、技術家庭に専念できます。また、高校に上がると「課外教室」が用意されており、農業ボランティア、屋久島、新選組、スキー、ヨーロッパでのオペラ鑑賞など、中には3泊以上の宿泊を伴う様々なコースが用意されています。

それほどガツガツ勉強させないため、そのまま成城大学に上がる子は伸び伸びと、外部受験したい子は自分で好きなように勉強し、それを学校も応援してくれる雰囲気があります。このあたりは早慶MARCH、関関同立とは少し異なり、自由度が大きい大学附属校とも言えます。

09

逆転合格の鍵を握る「過去問との相性」

「学力」や「校風マトリクス」、そして実際に学園祭や学校説明会に足を運んで理想の学校が見つかっても、合格できるかどうかはまた別物です。逆に、理想的な学校であればあるほど、ご縁をいただけなかった時のショックが大きくなります。何が何でもこの学校に――というのは、強いモチベーションにはなりますが、自らを追い詰める方向にも作用しますので、**「通わせてもよいと思える学校」を数多く持っておく**ことをおすすめします。

◎「子どもと過去問との相性」の方が偏差値より大事

さて、合格可能性判定で80％以上を取っていても不合格になる、あるいは偏差値的には全く届いていなかったのに逆転合格した、というケースは共に多々ありますが、その原因は何だかわかりますか？

前者に関しては、体調や精神状態など、思いつくことがそれなりにあると思います。しかし、後者は？

突然神が降りてくるほど、受験は甘くありません。

塾では、模試の偏差値や判定を元にした受験校のアドバイスはしてくれますが、**それ以上に外せないのが「子どもと過去問との相性」**なのです。

ゆっくりじっくり問題を解くA君では、短時間に大量の問題をこなす処理型の入試問題を時間内に終わらせることができません。記述に強いBちゃんが、入試問題に一切記述のない学校に挑んでも、他の子に点差をつけることができません。

合否判定は、あくまで「塾の模試での点数」です。じっくり型のA君の偏差値が70だったとしても、偏差値66で処理型入試問題の「筑波大附属（東京都）」の合格は相当厳しくなります。記述に強いBちゃんが偏差値51の「共立女子（東京都）」の国語が惨憺《さんたん》たる点数でも、偏差値62の「鷗友学園（東京都）」の国語は合格者平均を上回る、ということがあるのです。

過去問との相性については第4章で詳しく説明しますが、**合格に限りなく近づけるためには「子どものタイプと過去問との相性」を無視することはできません。**ぜひ、ここを見極めて合格の可能性を高めていきましょう。

10 偏差値の変遷と学校の盛衰

「偏差値は絶対的なものではない」といつもお話ししていますが、中学受験において偏差値を無視することができないのも事実です。塾や模試によって偏差値に違いはありますが、相対的な位置を把握する上では有効です。そして、どの学校も偏差値表に掲載される自校の数値に戦々恐々としています。

偏差値は「世の流れ」や「入試形態」「塾との関係」「マスコミへの露出度」など様々な要因で変動します。そのため、中学受験をされた親御さんの中には「豊島岡は昔は裁縫学校だった」などとおっしゃる方も一定数いらっしゃいますが、**偏差値は諸行無常。**〝偏差値表にすら載っていなかった学校が今は最難関校に〟、あるいは〝あれだけの名門校だったのに今は見る影もない〟といったことが多々あるので、固定観念は禁物です。

◎ 偏差値は様変わりする

P．58～59に掲載した32年前と今の偏差値を見比べてみましょう。1992年は大学附属校に非常に根強い人気があったことがわかります。

女子最難関は軒並み大学附属で、「桜蔭」と同列に「共立女子」が並んでおり、「女の子は大学受験などせず、のんびり過ごしてほしい」という意識がひときわ高い時代であったのがわかります。昨今も大学附属人気は過熱していますが、これは私立大学の定員厳格化にともなう大学の難化や、受験をせずに様々なことに打ち込める大学附属校の良さが見直されてきたからと言われています。

同時に、「東洋英和女学院」や「光塩女子学院（東京都）」といった当時のブランド女子校も強く、ファッション雑誌にも数多くの女子大生が登場していました。

この32年間で一番の快進撃は「洗足学園（神奈川県）」です。92年は偏差値40・5だったのが、今は66と神奈川の難関女子校の一つです。

男子では92年に偏差値63・5だった「聖光学院（神奈川県）」は、同じく神奈川の難関男子校の「栄光学園（神奈川県）」に5ポイント以上差をつけられていましたが、今や栄光学園を抜いて神奈川のトップ校。いずれの学校も、校長の強い使命感のなせる業です。一方、そのような手を打ってこなかった学校は人気が翳り、連動して偏差値も下がっていきました。

【女子】

偏差値	1992年	2024年
75		
74	慶應中等部（74）	
73		
72		渋谷教育幕張（72）
71		桜蔭（71）
70	青山学院（70.5） 慶應湘南藤沢（70）	慶應中等部（70） 筑波大附（70） 渋谷教育渋谷（70）
69		豊島岡女子（69） 女子学院（69）
68		早稲田実業（68） 慶應湘南藤沢（68） 市川（68）
67	筑波大附（67.5）	雙葉（67）
66	桜蔭（66.5） 共立女子（66）	洗足学園（66）
65	女子学院（65） 白百合学園（65）	お茶の水女子大附（65） 浦和明の星（65） 青山学院（65） 広尾学園（65）
64		フェリス女学院（64） 白百合学園（64） 栄東（東大Ⅱ）（64） 東邦大東邦（64） 明大明治（64） 吉祥女子（64）
63	フェリス女学院（63.5） お茶の水女子大附（63.5） 光塩女子学院（63） 豊島岡女子（63）	東京農大第一（63）
62	雙葉（62.5） 立教女学院（62） 吉祥女子（62）	鷗友学園（62）
61	学習院女子（61） 日本女子大附（61） 東邦大東邦（61）	頌栄女子学院（61） 東洋英和女学院（61）
60	湘南白百合（60.5） 東洋英和女学院（60.5）	中央大附（60） 神奈川大附（60）
59	カリタス女子（59）	立教女学院（59） 学習院女子（59） 江戸川取手（東大）（59）
58		香蘭女学校（58） 淑徳与野（58） 国学院久我山（58）
57	横浜共立学園（57）	法政大学（57）
56	横浜雙葉（56.5）	
55	国学院久我山（55.5）	開智（55） 成蹊（55）
54	神奈川大附（54）	帝京大（54） 大妻（54） 成城学園（54）
53		横浜雙葉（53）
52	普連土学園（52.5）	湘南白百合（52）
51	頌栄女子学院（51.5）	共立女子（51） 横浜共立学園（51） 日本女子大附（51）
50		普連土学園（50） 富士見（50）
49		
48		晃華学園（48）
47		
46		
45		カリタス女子（45）
≀		光塩女子学院（43）
40	洗足学園（40.5）	

・1992年の偏差値は、四谷大塚の予想偏差値（合格可能性80％）。出典：日経Kids+「偏差値のカラクリ」（日経BP社）
・2024年の偏差値は、四谷大塚の2024年入試結果偏差値。複数回受験があるものは特に明記していない場合、一般的な入試の第１回の偏差値を使用。

32年前の偏差値との比較

【男子】

偏差値	1992年	2024年
75		
74		
73		筑波大附駒場（73） 筑波大附（73）
72	筑波大附駒場（72.5）	
71		開成（71）
70	開成（70） 慶應中等部（70）	聖光学院（70） 渋谷教育幕張（70）
69	栄光学園（69） 武蔵（68.5）	
68	早稲田実業（68）	
67	麻布（67） 立教池袋（67） 立教新座（67） 慶應普通部（66.5） 筑波大附（66.5）	渋谷教育渋谷（67）
66		麻布（66） 栄光学園（66） 駒場東邦（66） 早稲田（66）
65	駒場東邦（65.5） 青山学院（65.5） 慶應湘南藤沢（65）	慶應中等部（65） 市川（65） 早大学院（65） 武蔵（65） 慶應湘南藤沢（65）
64	早稲田（64） 暁星（63.5） 聖光学院（63.5）	浅野（64） 慶應普通部（64） 海城（64） 早稲田実業（64）
63		
62	海城（62.5） 明大明治（62.5） 桐朋（62）	広尾学園（62）
61	浅野（61.5） 成蹊（61）	栄東（東大Ⅱ）（61） 東邦大東邦（61） 明大明治（61）
60	学習院（60.5） 国学院久我山（60.5） 芝（60） 城北（60） 巣鴨（60）	芝（60） サレジオ学院（60） 立教新座（60） 東京農大第一（60）
59	攻玉社（59） 東邦大東邦（58.5）	青山学院（59） 本郷（59）
58		江戸川取手（東大）（58） 国学院久我山（58）
57		中央大附（57） 神奈川大附（57）
56	サレジオ学院（56.5） 市川（56.5）	立教池袋（56） 世田谷学園（56） 桐朋（56） 攻玉社（56）
55	本郷（55）	暁星（55） 学習院（55） 法政大学（55） 城北（55） 芝浦工大附（55） 巣鴨（55）
54		東京都市大付（54）
53		芝浦工大柏（53） 開智（53） 高輪（53）
52		帝京大（52）
51		成城（51） 成城学園（51）
50	世田谷学園（50）	成蹊（50）
49	神奈川大附（49）	
48		
47		
46		
45		

□…男子校・女子校　◯…共学校

11 一科・二科・AO入試などの特殊入試も増えている

中学入試の形態も多様化が進んでいます。教科型入試（一般入試）では、最も一般的な四科入試、関西に多い三科入試の他に、午後入試が増えたこともあり、受験生の負担を減らすために二科・一科入試も増えてきました。

一科の主流は算数です。もともといくつかの男子校で実施していましたが、**最上位層が午後に負担なく受験できる併願先として「巣鴨」と「世田谷学園（東京都）」が参入したのをきっかけに人気に火が付きました。**また「中学入試のハードルそのものを下げたい」という目的で中堅校・標準校が算数一科、国語一科を実施するなど、対象は広がっています。

◎ 新タイプ入試とは？

これらの教科型入試とは別に、大学入試改革の影響を受け、ここ数年で「新タイプ入試」が激増しています。**首都圏の私立中学のうち、約半数が教科型入試と並行して新タイ**

プ入試を実施しています。具体的には、次のようなものがあります。

- **適性検査型入試**：公立中高一貫校の適性検査に似た内容。
- **思考力入試**：グループワーク入試、アクティブラーニング入試など。
- **自己アピール型入試**：ものづくり思考力入試、プレゼンテーション入試など。

他にも教科の垣根を超えた「総合型入試」、これから一気に増えてくるであろう「英語入試」、さらに新タイプ入試の種類自体も増えてくると考えられます。

これらは、子どもの思考力、表現力、主体性、創造性などを評価するものなので、塾の模試の結果とは全く関係ありません。

しかし、**これら新タイプ入試で気をつけねばならないのは、まだスタートして数年しか経っていない学校が多いという点**です。新タイプ入試が6年間続いていれば、その入試で入ってきた生徒の居場所があるということです。一方、年々募集人数を減らしている学校は要注意です。単なる客寄せとして「新タイプ入試」をうたい、入試問題作成を外注している学校もあります。本気で新タイプ入試に取り組んでいるか否かは、今のところ学校に足を運び〝新タイプ入試で入ってきた生徒の様子〟を見聞きするしかありません。

12 公立中高一貫校という選択肢

昨今、全国的に公立中高一貫校の数が急増しており、気になっている方も多いのではないでしょうか。公立中高一貫校のみを受験してご縁がなければ地元の公立へ、あるいは私立中学と併願など、関わり方も様々です。

公立中高一貫校にも、私立中高一貫校同様に「校風」があります。どちらも見学に行った生徒に聞くと、**公立は「いわゆる〝学校〟っぽい」「派手じゃなくて落ち着く」、私立は「オシャレな雰囲気」「設備が整っている」とのこと。**公立小学校や都立高、県立高の雰囲気が好きな子は公立中高一貫校に惹かれるようです。

◎公立中高一貫校の特徴とは？

公立中高一貫校が私立中高一貫校と大きく違う点は3つあります。

①入試内容が異なる

私立は「算数・国語・理科・社会」と科目ごとに試験が分かれています。**一方、公立中高一貫校は「報告書」「適性検査」「作文」（「面接」）により総合的に合否を判断**します。

適性検査はⅠ、Ⅱのみ、あるいはⅢまである学校もあり、多くは教科横断型です。自治体の「共同作成問題」と、学校ごとに作成する「独自問題」があります。

②報告書（調査書）が一定の割合を占める

私立でも調査書の提出を求める学校はありますが、合格最低点を上回っていれば基本的には調査書を理由に不合格になることはありません。**一方、例えば東京都の公立中高一貫校は、報告書が2〜3割、適性検査が7〜8割**です（比率は学校により異なります）。

③中学の間は授業料が無料

学費の平均は、**東京都の私立中高一貫校は6年間で約489万円、公立中高一貫校は約187万円**（ベネッセ教育情報2021年より）。私立高の授業料無償の自治体もありますが、私立は施設費、寄付などの費用もかかり、部活にかかる費用も随分異なります。

かつての公立中高一貫校は、学校の勉強ができて作文が得意なら進学塾に行かなくても合格できる子が多数いましたが、今は中学受験の過熱化により、やはり多くの子が塾通いをしています。中でも、**人気の高い公立中高一貫校は、大手進学塾でバリバリ勉強をしている子たちが多く合格**するようになってきています。

13 データに表れない部分もある

学費を払って通わせる以上、ご家庭の教育方針とある程度一致している学校を選ばねば意味がありません。

思い切り部活をさせたかったのに勉強ばかりをさせる学校だった、大学受験回避のために大学附属校に入れたのに全員が併設大学へ進学できるわけではなかった……このような不一致は回避したいですよね。さらに言えば、共働きなのに保護者がしょっちゅう学校に行かねばならなかった……という親側の事情との不一致が出てくるケースもあります。

これらのリサーチ方法については第2章で詳しくお伝えしていますが、学校のプレゼンを聞くと、どれもこれも素敵に思えて情報に翻弄されやすくなります。

だからこそ、**学校の教育方針を見定める前に、まず家庭の教育方針ありき**です。「どのような6年間を過ごしたいのか」を家族できちんと話し合い、学校に求めることを明確にしたうえで、各学校の教育方針を比較しましょう。

◎肌が合う、合わない

学力や偏差値、校風マトリクスなどのデータで学校を絞り込み、教育方針に共感しても、いざ学校に行ってみると「合う／合わない」を肌で感じることがあります。これがいわゆる「直感」です。

特に**子どもは学校の正門を見たり、駅から学校への道中の雰囲気で「ここは違う！」と判断する**ことがあります。

また、学校説明会では好印象でも、学園祭に集まる在校生の保護者を見て「この雰囲気に馴染めるかしら……」という不安を抱える親御さんもいます。

偏差値や校風マトリクスはすべて数値や座標的なものですが、直感だけは数値では表現できません。だからこそ、**興味のある学校、絞り込んだ学校、受験する可能性のある学校には必ず足を運ぶ必要があります。**

今まで主流であった「偏差値のみでの志望校選び」は、コストパフォーマンスが悪過ぎます。６年間通わせるからこそ、多角的に検討して頂きたいと思います。

次章では、その具体的な方法をお話しします。

column
1
私立・国立・公立中高一貫・地元の公立

中学校は大きく4つに分類することができます。①私立　②国立　③公立中高一貫　④地元の公立　ですが、このうち①～③は受験が必要な学校です。

それぞれどのような違いがあるのか、メリット・デメリットなどを見ていきましょう。

①私立

私立は学校によって教育方針も学力レベルも多岐にわたるために一口に語ることは非常に難しく、これこそが私立の特徴ともいえます。ある私立中学校の校長は「公立は平等、私立は自由」と話していました。公立は公教育ですので、学校で扱う内容も学習指導要領に沿い、検定教科書を使います。

一方、私立は学習指導要領に沿いながらも自由に授業を組み立てることができるため、多くの進学校では5年間で中高6年間の勉強を終え、最後の1年間は大学入試対策にあてる、といったカリキュラムを組んでいます。

また、学校のカラーが変わりにくいのも大きな特徴です。公立の先生は公務員ですので、数年で別の学校に異動がありますが、私立は校長や教員の異動が少なく、30年、40年と同じ学校にいる先生もいます。そのため、時間をかけて学校の特色を作り上げていくことができます。

②国立

国立の多くは大学附属校であり、その最大の特徴は「教育実験校」であるということです。これは学校内で様々な教育手法を使って実践的に研究している、ということです。

そのため、研究授業も多く、先生が研究のためにいない、先生によって使っている教科書が違うといったこともあります。しかし、ほぼ無料でハイレベルな授業を受けられるのは、やはり魅力的です。

入試も難度が高く、私立中学と同等の対策が必要になります。また、国立・公立は同じ地域内で受験日が同日に設定されているために、1校しか受験することができません。

国立の中学校は全国に68校あります。首都圏には12校あり、11校は共学、「筑波大学附属駒場（東京都）」だけが男子校です。関西圏には8校あり、すべて共学です。共学校は男子と女子で偏差値が大きく異なることがあり、「お茶の水女子大附属（東京都）」は男子より女子の偏差値が15以上も上となっています。

併設の高校に進学できるかどうかは、学校の基準（内部入試など）を満たさねばならず、その基準も様々です。

③公立中高一貫

最近人気があるのが、公立の中高一貫です。中高一体型の「中等教育学校」と、高校に中学校が附属している「併設型中学」の2種類があり、全国に135校あります（2021年度時点）。「中等教育学校」は6年間を通したカリキュラムで、通常の公立中学より速いペースで授業が行われます。「併設型中学」の場合は、高校入試で高校から入学してくる生徒が一定数いるのが特徴です。2024年に愛知県に導入されるのは「併設型」となります。

公立中高一貫は適性検査と呼ばれる試験があり、入試難度の高い学校が多くなっています。前述したように、受検日は国立、公立ともに同じ日に設定されていますので、1校しか受験できません。

また、これは国公立すべてにおいて言えることですが、教師の転勤があるため、指導力があり、子どもに慕われる先生がいたとしても、数年で異動してしまいます。また、校長も3年から5年で異動します。

しかし、どの学校も通常の公立中学校よりは、はっきりとしたカラーがあります。

④地元の公立

義務教育により誰もが受験せず進学できるのが、いわゆる地元の公立中学校です。首都圏、関西圏、東海地方など中学受験が盛んな一部の地域を除き、日本全国で92%（文部科学省調べ）の小学生が地元の公立中学校に進学します。

子どもが住んでいる学区、もしくはその隣接校しか選べないことが多いため、通う中学校の選択肢は限られています。

学習障害があるとわかっているお子さんの場合、公立中学校は有力な選択肢の一つです。

「障害者差別解消法」によって、国公立中学はお子さんの困難に合わせた「合理的配慮」が義務付けられています。

そのため、例えば通常の紙の教科書で読むのが苦手な子は、タブレットを用いてマルチメディア教科書を利用することを、学校側に求めることができるようになりました。

2024年3月までは私立中学はこの法律に従う義務はなかったので、学校によっては適切なサポートが受けられず、苦労するケースもありましたが、4月以降私立でも義務化されましたので変わっていくと思われます。

第2章

学校の真の姿を見極める情報戦略

外向きの情報だけでは真の姿はわからない

学校に関する情報は巷にあふれていますが、そのほとんどは学校側が「こう見せたい」と思っている情報であり、どこまで真実なのかはわかりません。**当然、不都合な情報はほとんど表に出てきません。**

学校の真の姿を知る一番良い方法は、実際に、その学校に〝今、通っている〟複数の生徒や親に聞くことです。大きく学校が変革している時代なので、10年以上前に卒業した方の話が、現在の学校にそのまま適用されるとは限りません。

とはいえ、なかなか接点がない在校生及びその親ですが、**唯一接点があるのが「学園祭」や「学校見学」「部活動体験」**です。これらはナマの生徒の声や普段の様子を収集する絶好の機会となります。

一方、**学校の公式コメントを直接聞けるのが「学校説明会」**です。雑誌やインターネットの情報は文字と写真だけですが、学校説明会では、学校の姿勢、熱意、勢いなどを、将来、我が子が授業を受けるかもしれない先生の話から、直接うかがい知ることができます。

◎表向きの数字やデータに騙されない

公立と異なり、私立は授業料をはじめとして様々な費用がかかりますが、お金を払う以上、それに見合うだけのものを受け取りたいですよね。そこで、学校の進学率やデータなどの数字に騙されない見方もご紹介しています。

いずれも、皆さんが足を運び、目や耳で確かめることなくして真の情報（＝ご家庭の価値観に照らし合わせた評価）は得られません。学校に求めるものも家庭によって様々です。この章では、学校の本質を見抜く「切り込み方」を知るための方法を紹介しましたが、ほんの数例を取り上げたに過ぎません。たくさんの興味と疑問を持って、学園祭や学校説明会に臨んで頂きたいと思います。

なお、巻頭の折り込みにも、「学園祭で『見ること／聞くこと』」「学校説明会で『聞くこと』」のリストをまとめておきましたので、ご活用ください。

14 「勉強」と「部活」の現実

合格が目的となる中学受験期間中は、入学してからの生活まで思いを馳せる余裕はありません。しかし、中学入試は進学先確保の入り口に過ぎず、中高一貫校に進学するとそこでの生活が6年間続きます。

勉強と部活の実像は学校によって大きく異なるため、事前にきちんと調べておく必要があります。

◎ 勉強量とフォローの体制

私が教え子たちの進学後を見ていて、**非常に大事だと感じるのが、「勉強の内容・宿題の量」**です。

中学受験が大変とは言っても、科目は4つ以下です。しかし中学に入ると、英語が加わるだけでなく、各科目が細分化されます。

ある中高一貫校の中1の時間割は「数学（代数／幾何）、国語（A／B）、理科（物理／化学／生物／地学）、社会（地理／歴史）、英語、音楽、美術、家庭、技術、保健体育」と1週間に16科目！（この他にも総合、論理、道徳など）。主要科目だけでも10科目に分かれています。

公立中学校や私立中堅・標準校の多くは、中1の時間割は「数学、国語、理科、社会、英語、音楽、美術、技術家庭、技術、保健体育」の10科目で、主要科目は5科目です。

比較的余裕で合格し、かつ器用な子は、前述のような科目数が多い学校でもついていけますが、ギリギリ合格だったり、一つ一つの勉強に丁寧に取り組むタイプの子は、あっという間についていけなくなります。最初は頑張っていても、中間テスト・期末テストで破綻してしまうのです。

しかし、学校のHPや説明会では、一年間の科目ごとの時間数は載っていても、時間割までは載っていません。**学園祭や説明会で教室に入る機会があれば、時間割のチェックは必須**です。

また、あまりに宿題が多かったり、難しかったりすると、それだけで学校が嫌になってしまいます。**宿題に対して学校側にフォロー体制（補習や後れを取っている子に個別に対応する**

等）があるかどうかも、きちんと確かめておきたいポイントです。

難しい宿題が出ても、学校側のフォローがあればなんとかやっていけるもの。自力でどうにかしなければならない学校では、本人と家庭の負担は相当なものになり、中学に入って早々に家庭教師をつけた……という話も少なくありません。

その見極めは、学校説明会ではなく学園祭で中学生や高校生をつかまえて「中学受験の頃と今、どちらが大変？」と聞けばすぐにわかります。「中学受験より辛い」と暗い顔をして通う子を見ると胸が締めつけられます。

そうならないためにも、ぜひしっかりとリサーチしておきましょう。

◎ 部活は心の拠りどころになる

部活は6年間の心の拠りどころにもなります。

鉄道の大好きな子が、文化祭で鉄道研究部を見つけると目を輝かせ、「この鉄研に入りたいから受験、頑張る！」と奮起することは珍しくありません。

大人になってからも、中高6年間の中で一番仲が良いのは同じ部活の仲間たち、ということもありますよね。

しかし、「中学に入れば思い切り野球ができる」と夢見て、中学受験期は野球を一旦お休みして頑張ったのに、いざ中学に入ってみると「勉強が大変で部活どころじゃなかった」「中高一貫校なのに中3の夏で部活は一度引退だった」というケースもあります。

「部活を推奨しています」と言いながら成績下位者の入部を積極的に認めない、赤点を取ったら部活禁止という学校もあれば、部活のかけもちOK、「文武両道」をうたい積極的に部活をさせる学校もあります。

同じ部活でも、学校の方針や顧問の先生の熱意によって、自校内でとどまるか、積極的に対外試合に挑むかも左右されます。

また、**表向きには「週3日」でも、「自主トレ」という名目で週6日が暗黙の活動になっていることもあります。**

学園祭などで興味を持つ部活があれば、ぜひ部活の実態もしっかり聞いておきましょう。

15 表に出てこない「切り捨て」「不登校」「いじめ」

私立の中高一貫校に入学すれば、そのまま高校に行けると思っている親御さんは多いのですが、大学進学に重きを置く進学校の中には、成績の悪い生徒や、学校のカラーに合わない生徒を高校進学時点で容赦なく切り捨てることでレベルを維持している学校もあります。

大学附属校に関しても然りです。系列大学に進学できるかどうか以前に、毎年進級のたびに成績下位者を留年、あるいは退学勧告する学校もあります。

学校が答えてくれないこういった質問こそ、学園祭で高校生に直接たずねるのがベストです。**「中学校から全員高校に進学できるの？」と聞けば、その時期をくぐり抜けてきた高校生であれば、正直なところを教えてくれる**はずです。

◎不登校の実態は

せっかく合格したのに、勉強についていけない、人間関係がうまくいかないなどで不登校になってしまうという例も近年はますます増えています。特に**勉強起因の不登校は、課題が多く、授業のスピードの速い進学校に多くなります。**しかしこのあたりの事情も、なかなか説明会では話してもらえません。

不登校に関しては、面倒見の良い学校はとことん面倒見が良いのが特徴です。「必ず全員卒業させる」をモットーにしているある学校では、不登校の生徒宅に校長自らが迎えに行くなどして、無事に卒業させました。一方、別の学校は一学年に10人以上不登校がいるのに、学校からのフォローは一切ないとのことです。

これはいじめについても同様です。どの学校にも必ずいじめはあります。「ウチにいじめはありません」と話す学校は、単に把握できていないか、表向きの言葉を述べているだけです。「切り捨て／不登校／いじめ」についての質問をはぐらかさず、「こういうことがありました」と具体的な例とともに開示してくれる学校は信頼できます。

先輩・後輩の仲が良い（これは部活時にうかがい見ることができます）というのも、ひとつの指標になるでしょう。

16

学園祭で先生の服装チェック!?

学園祭や見学会は、生徒に質問ができるだけでなく、実際に校内に入ってナマの学校観察ができる貴重な機会です。ただぐるっと一巡りするのではなく、**ポイントを絞って観察すると、より学校の特徴が見えてきます。**

①職員室の様子

職員室が生徒に向けて開かれているかどうかを見るだけで、その学校の生徒と先生の関わりが見えてきます。「聖光学院」は職員室の廊下側の壁がガラス張りになっており、生徒が中の様子を伺って、入るタイミングを考えられるようになっています。職員室の一角には椅子とテーブルが設けられており、先生に質問をしたり、話をしたりするためのオープンスペースや個別ブースがあります。いつでも気軽に先生に声をかけることができるようになっているのです。

また、「市川学園（千葉県）」の職員室の扉は基本的に開けっ放しになっており、休み時間は生徒が気軽に入ってきます。先生への質問や相談が終わると、職員室を出るまでに次々と先生たちから声をかけられるのも特徴です。

先生と生徒の距離を縮めるための〝具体的な配慮〟は職員室周りを見るとよくわかります。

②先生の服装

説明会では先生方はスーツを着ていることがほとんどですが、学園祭ではその学校のカラーが出ます。学園祭でも先生がスーツなのか、ジャージなど比較的ゆるい格好なのか。また、先生を見つけた時に、ちょっとした質問をしてみるのもおすすめです。聞く内容にもよりますが、**その場で聞かれたことに先生がすぐに答えてくれるようであれば、個々の先生に裁量権がある**とわかります。もし、「上の者（担当の者）に聞いて参ります」と言うようであれば、先生も生徒も上からの決定事項を待たねばならない、トップダウンで管理型の学校だとわかります。

③トイレ

銀行員が「融資先のトイレをチェックする」というのと同じで、細部に本質が表れます。ただし、コロナ禍以降は清掃自体を生徒にさせず、業者に外注している学校もあり、ここは家庭によって価値観の分かれるところです。

また、**リニューアル共学校を見学する時には、特にトイレチェックは必須**です。例えばもともと女子校だった学校が共学になった場合、男子トイレが非常に少ない、ということが多々あります。生活に必須の設備が手薄ということは、他もしかり。その学校の男子生徒が肩身の狭い思いをしているのが目に浮かびます。

トイレと関連して、最近の小学生はことに「きれいな建物」を重視する傾向にあります。そのため、校舎を新しく建て直した学校は人気が上がる傾向にありますが、そこだけで目くらましにあわないよう、内実をしっかりチェックするのは親の役目です。

④図書館

本好きな子は図書館が志望校選びの鍵を握ります。「恵泉女学園（東京都）」のメディアセンターは1階から4階までの吹き抜けで、その明るく開放的な空間は、いわゆる「学校の図書館」のイメージと大きく異なります。

中学で60冊、高校で100冊の課題図書が課せられている「中央大学附属（東京都）」では、高校図書館の蔵書が約19万冊（全国平均2・5万冊）と日本最大級です。

大学附属校は、たとえ図書館が小さくても、大学の図書館を利用できるという大きなメリットがあります。

⑤グラウンド

男子は特に、グラウンドに価値を置く子が多くいます。「武蔵（東京都）」志望の子に、志望理由を聞くと「グラウンドが広いから！」という答えがよく返ってきます。広いグラウンドがない場合は、試合ができる場所を求めて転々とすることも。運動系の部活に力を入れたいお子さんの場合は、グラウンドと部活の関係をしっかり確かめておきましょう。

⑥学食・売店

入試の必要な学校の多くは、お弁当が主流です。

素敵なカフェテラスがあっても、高校生しか利用できない、あるいは中学生も利用できるが、高校生のニラミが怖くて実際は使い辛い……という話は意外に多いもの。**きれいな食堂・カフェテラスに惑わされず、実質的な話を収集しておきたい**ところです。

昨今は共働き家庭が増えている現状を踏まえ、お弁当が注文できるシステムを持った学校や、キッチンカーが校内まで入ってきてくれたり、給食のある学校なども増えてきました。

もちろん、この6つ以外にも見るべきポイントはたくさんあります。

ある方は「保護者のマイスリッパ所持率」にこだわっていました。ご家庭で譲れないポイントを持っておくと「あー、疲れた」だけの学園祭巡りではなくなります。

17

学校説明会で得られるお宝情報

学園祭が学校のナマの姿に触れられる機会なら、学校説明会は学校側の公式コメントを聞く機会です。もちろん、その学校の教育方針や学校生活などについても確認できますが、それよりも、受験生の親御さんにとって重要なのは、受験に関するお宝情報を教えてくれるということです。

◎ 複数回受験のメリットは必ず質問したいポイント

特に、「複数回受験」については、必ず聞いておきたい質問です。ポイントは次の3点。

- **複数回受験で、点数が加算されるか**
- **受験の回によって、難しさや問題傾向に違いがあるか**
- **昨年度と入試形態、出題分野が大きく変わるかどうか**

とある学校では、「うちが第一志望ならば、3回とも全部受けて下さい」と念を押されます。第一志望だったご家庭が「すべて受けると合格しやすいのでしょうか?」と食い下がったところ、「とにかくすべて受けて下さい」の一点張りでした。「詳しいことまでは言えないが、うちの学校が本当に第一志望という生徒を優遇します」というのが言外に伝わってきますよね。

もちろん、第二、第三志望でも点数が高い子から合格していきますが、「すべて受けて下さい」という学校は、何点かゲタをはかせてくれる場合が多く、具体的に「○点加算します」「最も得点の高かった回を見ます」などと説明会で教えてくれる学校もあります。

また、**入試問題についても、「こんな問題を出します」「今年からここを変更します」など、かなり具体的に教えてくれる学校が多くあります。**これは確実におさえるべき情報です。

◎PTA活動もしっかりチェック

PTA活動の重さ・軽さ、ルールは、小学校時代同様、学校によって千差万別です。

PTA活動とは別に「父親会」の盛んな学校もあれば、PTA自体がない学校もあります。

難しいのが外の活動。クラス内での懇親食事会が頻繁に行われる学校もありますが、こういった質問は公に質問するより、個別に先生にうかがうほうが親身に答えてもらえます。

18 「グローバル教育」の本気度を見抜く

英語に関しては、どの学校も「力を入れている」とアピールしているので、比べられない……とお思いの方も多いのではないでしょうか？
昨今は英語に加え「グローバル教育」「探究教育」との言葉をよく聞きますが、これらの本気度はどのように見抜けば良いのでしょうか。

◎英語教育の本気度こそ、学校説明会で測る

英語に力を入れている学校は、説明会で質問した際に、担当者が登壇するなどして事細かく説明をしてくれます。

各学年ごとに英検やTOEFLの目標を細かく設定している学校もあれば、高校3年間同じ問題集を何回もくり返して徹底的に知識を定着させる学校、オールイングリッシュ授

業に力を入れている学校など、ウリは様々ですが、**「具体的」かつ「細かい」説明が学校説明会で聞けるかどうかは、「本気度」を測るポイント**です。

◎在学中の留学制度は整っているか

「話す」「聞く」能力を上げるのに、留学は大きな力になることがあります。留学をきっかけに「もっと英語でコミュニケーションがとれるようになりたい」と、勉強への意欲を膨らませる生徒もいます。

また、ある程度文法をマスターした後に留学すると、今まで習ってきた文法や構文が有機的に結びついていく、という体験をするお子さんもいます。文法が無味乾燥なつまらないものではなく、留学で生きた知識となり、感動したと話す子もいました。

ある男子校では「母親と距離を置くために全員に留学をさせる」そうです。最近では母親べったりで自立できない男子も増えていますが、留学をすることで母親と離れ、初めて親への感謝の心が持てるようになる――そんな意図も込めているそうです。

ただし、**留学についてのスタンスは学校によって様々です。**

「全員」なのか、「希望者は全員」なのか、あるいは「選抜」なのか。

また、留学先でとった授業がそのまま認められるのか、該当学年に復学できるのかなども大切です。

今は、姉妹校や提携校、個人で探してきた学校でもICC国際交流委員会が認めたものであれば、帰国してから同級生と一緒に進級できる学校が多くあります。

留学に興味がある場合は、このあたりの条件もしっかりと聞いておきましょう。

◎グローバル教育のプレゼンに騙されない

グローバル教育を謳っている学校の多くがプレゼンするのが「英語教育＋海外研修（留学）」です。

しかし、**グローバル教育とは「世界規模の視野で物事を見て考えるための学習法」**を言います。文化背景の異なる様々な国・言語の人たちと出会う場があるかどうかが大事なのであって、「グローバル教育＝英語教育／英語圏へ行くこと」ではありません。

英語に長けた帰国生たちに海外大学の合格実績を稼いでもらうのは、グローバル教育とは程遠い姿です。

グローバル教育を高らかに掲げている学校が、「英語教育／英語圏への研修／海外大学合格実績」だけをウリにしていたら、それは流行りのキーワードを使っているだけとも言えます。

◎探究学習も「具体的」かつ「細かい」説明があるか

探究学習とは、自分自身で問いを立て、自分なりのやり方で解決を探っていくことです。

1年間あるいは3年間かけて自分の興味あることを研究・発表する場を用意する学校も増えてきました。

ここで注意したいのは「○○のために探究に力を入れている」という説明。**何かを突きつめていく過程で、結果的に成長し、何が身につくかは人それぞれというのが探究**です。

それを普段の教科・授業内で自然に取り入れている先生もいます（灘中で中学3年間かけて「銀の匙」1冊を読み込む授業は有名でした）。

目的ありきで〝探究〟をうたっていないかも要チェックです。

19

塾に行かずに大学受験ができるかどうか

「塾や予備校に行かずに大学受験ができるかどうか」は、私立の学費だけで済むのか、そこに塾代が加算されるのかの違いでもあり、家計にとっては大きな問題です。

「目白研心（東京都）」は、「予備校に行く必要はありません」とホームページに明記。毎朝「確認テスト」が行われ、それを終礼で返却。不合格の場合は、パソコンを使った映像学習をしてその日のうちに再テストが行われます。生徒の自主学習を支える「学習支援センター」にはチューターが常駐し、生徒の質問や相談に乗ってくれます。

◎ 大学合格のための無駄のないカリキュラム

以前、教育誌で興味深い座談会がありました。

東大1年生を集め、「自分の子どもに中学受験をさせるか否か」をテーマに私立出身者、公立出身者に語らせるというものでした。ここで「開成」「桜蔭」出身者は「絶対させる」

と話しており、その理由として「東大合格のために、学校が無駄のないカリキュラムを組んでくれているから最短で合格できる」と説明していました。

かたや地方公立出身者は「入試直前になっても教科書が終わってない科目もあった」「高3夏まで部活に励んでいたけれど、自分でスケジュールをやりくりして合格できたから、わざわざ中学受験させなくても良い」と。

もし、学校で大学受験の力をしっかりつけてほしい、と思われるならば、どこまで大学入試対策をしてくれるかは重要です。カリキュラムを外注せず、自前で組んだ「聖光学院」はその成果が表れ、2024年入試で東大合格者が100人となりました。

「予備校を上回る面倒見の良さや魅力があるかどうか」に自信のある学校は、そのウリを説明会で詳しく説明しますし、質問しても具体的に返ってきます。

ただし、それ以上に大切なのは、どの生徒も取りこぼさないようなサポート体制か否かです。授業についていけないにもかかわらず、朝夕の小テストが厳しくて合格するまで帰らせてもらえない、塾や家庭教師にサポートしてほしくてもその時間が捻出できずどんどん落ちこぼれてしまうという学校もあります。

カリキュラムや補習が生徒不在で形骸化していないか、ぜひ学園祭で在校生に聞いてみましょう。

20 早・慶・上・理の大学合格者数に騙されない

多くの学校が、有名大学への合格実績を学校の売り物として発表しています。実際、学校選びをする際に気にかけられる方も多いのではないでしょうか。

しかし、学校のパンフレットの「大学合格者数」などを見ても、実際には、いまいちその学校の実力はつかみにくいもの。どこに注目をして見ていけばいいのでしょうか。

現在、様々な媒体で、**各学校の実力を測る指標として使われているのが、「国公立大学への合格率」**です。媒体ごとに、データの重み付けなどは違っていますが、大きな差はありません。

なぜ「国公立」なのか、なぜ「率」なのか。このあたりを少し詳しくご説明していきましょう。これらのデータがどのような基準で作られているかを知っておくと、それぞれの学校のデータを読み解く際に役に立つはずです。

国公立は、受験自体は一人最大3校（前期・中期・後期校）までできますが、合格は1校しかできません。

一方、私立は一人の生徒が複数の学校、学部で合格を取ることができるため、トップ集団の一部の生徒が大量に合格実績を出します。

そのため、学校の実力を測ることが難しくなります。極端に言えば、10人それぞれが早慶に受かったA校と、2人で早慶それぞれ5学部ずつ受かったB校の実力が同じになってしまうのです。国公立であれば、10校の合格は10人の合格であるため、よりその学校の実力が測りやすくなるのです。

◎合格者数ではなく、合格率を見るべきなのはなぜか？

「東大合格者数1位」が毎年話題となる「開成」は、他の有力校の追随を許さないわけがあります。それは在籍生徒の数です。開成は高校から100人が入学してくるため、最終卒業生数は400人近くにのぼります。この生徒数が、合格者数に寄与しているのです。

つまり、**学校の実力は、合格率を見なければ意味がありません。**

例えば、2024年の開成の東大合格者数（現役＋浪人）は149人、聖光学院100人、灘94人でしたが、現役合格率で見ると開成29・1％、聖光学院37・55％、灘（兵庫県）

32・57％となります。

◎首都圏の生徒の実力が見えにくくなることも

前述のように、国公立への進学率が、大学進学における学校の実力をほぼ表しているのですが、多少の例外がある場合もあります。それは首都圏の学校です。

首都圏には、早稲田大学・慶應大学・上智大学・東京理科大学（早慶上理）など有力な私立大学が多数あるため、「なんとしても国公立」という生徒が少なくなります。つまり、同じくらいの偏差値であれば、地方の国立大学でなく、自宅から通える首都圏の私立を選ぶ傾向が強くなります。そのため、首都圏の私立中高の最難関校、難関校においては、地方の同レベルの高校よりも、国立大学への進学率が低く出る傾向があります。

また、**合格者は現役が多いのか、浪人が多いのかもポイント**です。

浪人時代は予備校で勉強するので、学校の力とは一概に言えません。ただし、国公立大学はバランスの取れた基礎学力をきちんと身につけておかないと、一年浪人したところで入試に太刀打ちできないので、浪人を含め、国公立大学の合格実績が高い場合は中高6年間で学力の基盤が作られたとみることができます。

21 大学入試が変わりつつある

2021年の大学入試改革で出題内容が変わり、中学入試もその影響を受けているというのは聞かれたことがあると思います。しかし、そもそも大学の入試自体に「一般選抜」「総合型選抜」「学校推薦型選抜」の3通りがあることをご存じでしょうか。

「一般選抜」とは中学受験と同様、本番に入試問題を解き点数の高い方から合格が決まるという従来型の入試です。しかし今、大学入試は、**すべての大学を合わせると「総合型選抜」「学校推薦型選抜」での入学者が半数を超え、3人に1人が推薦入試、7人に1人が総合型選抜**となっています（文部科学省「令和5年度国立私立大学入学者選抜実施状況」より）。ただし総合型や学校推薦型の主流は私立大学。国公立大学はまだ8割以上が一般選抜です。

「総合型選抜」「学校推薦型選抜」とは、大学ごとに「こういう生徒に入ってきてほしい」というアドミッション・ポリシーに基づいて合否を判断します。逆に言えば、どれほど学力が高くても、アドミッション・ポリシーと合っていなければ合格できません。

名前	一般選抜	総合型選抜	学校推薦型選抜	
			公募制	指定校制
試験内容	一般的な学力試験による入試（共通テスト利用入試も含む）	アドミッション・ポリシーに合う学生を選抜。総合型選抜はかつてAO入試と呼ばれていたもの。総合型選抜はこれからしたいことを重視し、学校推薦型選抜は過去の成績や活動実績を重視する。選抜方法は、書類選考・面接・小論文・プレゼンテーションなど様々。共通テストを課す場合もある。		
出願要件	出願要件を満たせば誰でも出願可			特定の学校の生徒のみ
学校長の推薦	不要	不要	必要	必要
評定平均	不要	不要が多い	必要	必要
入試の時期	基本は年明け	基本は年内（共通テストがある場合も）		

もう少し違いを詳しく見ると、上の表のようになります。

このうち**「総合型選抜」「学校推薦型選抜」は9〜12月に実施・合否が判明することから「年内入試」と呼ばれています**（関西ではこの時期に一般入試を実施する学校も）。

子どもの中学校を選ぶ際に、大学合格実績を重視されるご家庭も多いと思いますが、実はこの「年内入試に強いか否か」も、重要なポイントとなります。合格者の内訳は前述したようにすでに年内入試（総合型選抜＋学校推薦型選抜）が過半数を上回っており、今後、拡大していく傾向にあるからです。

進学校の進路指導は基本的に「一般入試」がメインで、「総合型選抜」の指導ができる先生はごく少数です。

◎ 進学校だと大学入試の可能性が狭まることも？

元教え子で、難関私立中高に進んだ高校生Aちゃんは、数学がとにかく苦手。大学受験に向けて中学数学からやり直さないと……と切羽詰まった表情で相談してきたので、「総合型選抜で受験したら？」とアドバイスしたところ、「あの学校で数学を捨てるなんて雰囲気的にできない。先生たちは一般入試の進路指導しかしてくれない」とのことでした。

進学校であるがゆえに、逆に大学入試の可能性が狭まることもあるのです。

印象的だったのが、慶應義塾大学に進学した元教え子の2人。Yちゃんは最難関女子中高に進み、慶應大に一般選抜で合格。Sちゃんは標準校の中学を経て通信制の高校に進学し、総合型選抜で慶應大に合格。

小学校時代に受験算数を教えていた時、2人が同じ大学に進学することになるとは、思いもしませんでした。

また、**中学受験で苦しんでいても、コツコツ真面目に努力できる子には、大学推薦を狙うことを視野に入れた学校選びもおすすめしています。**ギリギリで合格した学校では高い評定を取ることが難しく、推薦は狙えません。しかし、学力的に余裕のある学校に上位合格すれば、一般入試では厳しい大学の推薦枠も狙えます。

Mちゃんはまさにそのタイプ。中学受験では中堅校に入学しましたが、中間・期末をコツコツ頑張り、早稲田大学の推薦を取り入学しました。

つまり、国立大学や医学部、早慶上理・GMARCH（学習院・明治・青山学院・立教・中央・法政）といった大学を念頭に置く場合、**最難関・難関進学校や高偏差値の大学附属を必死に目指さなくとも、「探究学習に力を入れ年内入試に強い学校」「推薦枠が多い学校」といった目線で学校選びをすることもできる**のです。言い換えれば「あまり受験勉強に向いていなくても、興味があることにまっしぐらに突き進める」「コツコツ努力ができる」タイプにおすすめの学校です。

年内入試に強いか否かは「国公立大学への学校推薦型選抜・総合型選抜での合格実績」と「私立大学への指定校推薦の指定校枠数」を見るとわかります。中には、生徒数より大学の指定校推薦枠が多くて余っている……という状況をHPに大々的に掲載している学校もあります。

次ページに、中学入試ではそこまで難関ではないけれども、大学の年内入試に強い学校の一部を掲載しました。ぜひ参考になさってみて下さい。

年内入試に強い中高一貫校

学校名	都道府県	種類	偏差値	
三田国際（ISC）	東京都	共学	56・58	探究の技法を習得する「サイエンスリテラシー」、中２・中３の「基礎ゼミナール」などを実施
かえつ有明	東京都	共学	47・48	23年の進学実績は、一般選抜40%、総合・推薦型46%。探究型の授業も多い
佼成学園女子	東京都	女子校	44（S特）	毎年約100の大学40の短期大学から約600名分の推薦枠。海外フィールドワークや少人数ゼミなど
桐朋女子	東京都	女子校	37	指定校推薦の枠は早慶などの私立難関校をはじめ600以上
桜丘	東京都	共学	42・41	女子校を共学化した急伸校。私立文系向けのキャリアデザインコースには推薦入試に特化したプログラムがあり
郁文館	東京都	共学	40・40	郁文館グローバル高校はSDGs探究活動などで外部アカデミストと連携。海外進学も多く国内も毎年、9割の生徒が総合型・推薦型で受験・合格
トキワ松学園	東京都	女子校		23年度の総合型選抜で慶應大学に6人合格。思考力と表現力を鍛えるオリジナル授業を行う
滝野川女子	東京都	女子校		大学入試改革の初年度に総合型選抜で4倍の合格実績を出し、24年入試では国立含め約9割が年内入試で合格
捜真女学校	神奈川県	女子校	35	22年度は一般が34%、総合型・推薦型で約56%が合格。600名以上の指定校推薦枠あり
開明	大阪府	共学	43・44	京都大に推薦で23年度に7人　直近5年で22人。23年度の国公立現役合格者の4分の1弱が総合・推薦型
雲雀ケ丘	兵庫県	共学	48・48	大学や企業と連携した探究プログラムなど。大阪大に推薦で23年度8人。直近5年で30人合格
アサンプション国際	大阪府	共学	36・36	関西学院大学に25名の推薦枠。上智、関大他、有名私立の推薦枠が450名程度あり

＊「週刊ダイヤモンド」2023年9月16／23日号などを参考に著者が作成。偏差値は関東は四谷大塚、関西は日能研の2024年入試の結果偏差値（これらの偏差値表に載っていない学校は空欄にしています）。共学校は男子・女子の偏差値の順で記しています。

22 上位層ではなくボリューム層を見る

「早慶上理」「GMARCH」といった学校への進学実績につい目を奪われがちになりますが、国公立大学への進学が少ない中堅校、標準校の大学合格率を見る上で大切なのは、ボリュームゾーンがどの大学に合格しているかです。

前述したように、私立は一人で何学部も合格を得ることができるため、上位数人の生徒の実績に目を奪われていると、本当の学校の実力を見失ってしまいます。その学校の大多数が合格しているレベルはどのあたりなのか、そこを冷静に見ていくようにしましょう。

これは合格実績ではなく「進路実績」を見るとわかります。

例えば「品川女子学院」では、合格実績と共に進路状況も公開しています。また、どの分野に進んだかも公開しており、その内訳を見ればどのような進路傾向にあるのか把握できます。

ホームページに掲載していない学校でも、学校説明会の資料でもらえることもあるので、ぜひ「進路実績」を参考にしてみて下さい。

◎選抜クラスや帰国子女クラスがある場合は要注意

気をつけたいのが、「選抜クラス」などを設けている学校です。そのクラスの子どもたちの実力と、一般のクラスの子どもたちの実力が大きくかけ離れている場合があるからです。

また、入学後に選抜クラスに移動できる可能性がない場合は特に、ほとんど別の学校と言ってもいいくらいカリキュラムが異なることもあります。お子さんが一般クラスの入学である場合は、その学校の上位の合格実績はあまり参考にしないほうが無難です。

選抜クラスだけでなく、「帰国子女」も大学の合格実績の底上げとなります。語学を武器に、上位校へ進学する生徒がいるからです。この帰国子女は語学面でスタート地点が違うため、この合格がイコール「学校の真の学力養成度」ではありません。帰国子女を多く入学させる学校の場合は、その部分を差し引いて実績を見る必要があります。

これらの学校も、やはりボリュームゾーンがどの大学へ行っているかを見ましょう。

23

学校の姿勢はこんなところにも

学校のナマの姿を知るには、学園祭や学校説明会が一番ですが、足を運べる学校には限界があります。そんな時にチェックしておくといいポイントをお伝えします。

まずは、学校のホームページです。ここには学校のカラーが色濃く表れます。

基本的に多くの学校がホームページ作成を専門業者に外注していますが、トップページが校舎やイメージアイコンだけなのか、生徒たちの姿も映っているのかで、その学校が〝何を〟大切にしているかがわかります。ホームページに学校の想いを込め、伝えたいと思っているならばいかにも業者に〝丸投げ〟といったものにはなりません。

また、キリスト教系の学校の場合、宗教教育がどれだけ熱心に行われているかは、ホームページを見るとかなりわかります。チャペルや十字架の写真が多く使用されていたり、生徒がお祈りを捧げている写真がトップに来ている場合は、それだけ宗教教育を重要視していることが予測できます。

例えばカトリック校の「白百合学園（東京都）」。トップ画面にもマリア様の像があり、「今週の聖句」が毎週紹介されています。実際にこの学校では、毎朝聖歌を歌い、お祈りをし、聖書の朗読が行われています。情操教育にも力を入れているため、そこに魅力を感じる親御さんも多い学校です。

また、**「武蔵」のホームページはなんと日本語とは別に5ヶ国語対応**です。世界に開かれた学校でありたいという意思が、ここからも感じられます。海外の大学への進学がすでに念頭にあるお子さんであれば、ホームページを見ただけで武蔵が気に入るかもしれません。

◎ 風紀が乱れているかは登校風景でわかる

学校がきちんとしているか乱れているかは登校風景でもわかります。下校時は皆帰宅時間がバラバラなのでわかりにくいですが、登校時は一斉に生徒が押し寄せます。

学校の理念が行き届いている学校は登校時でも乱れませんが、行き届いていない学校は、学校が近づくと、女の子が慌てて髪の毛を結びだしたり、違うバッグに中味を入れ替えたり、といったことを始めます。

以前、まだ幼かった息子をバギーに乗せて、有栖川宮記念公園横の細い歩道を歩いていると、前方に道いっぱいに広がった帰宅途中の麻布生の集団がゆっくり歩いていました。「うわ、邪魔だな」「道いっぱいに広がらないでよ」と心の中で思っていると、私に気づいた一人が「おーい、みんな端に寄れ」と声をかけ、すぐに一列に。「さすが麻布生！　きちんとしているところはきちんとしている！」と一気にファンになりました。

◎事務局の対応は学校全体を映し出す

「出前授業」というイベントで、過去に50校ほどの小学校を回ったことがあります。その時にしみじみ感じたのが、**事務局の対応がいい学校というのは、おしなべていい学校である、**ということでした。

インターフォンを押すと、すぐに事務局の方が出てきて「お話は聞いています」と校長室に通してくださり、校長自ら挨拶をしてくれる。そして教室へ案内、といったことがスムーズに行われます。このような学校では生徒たちも元気で、「こんにちは！」とたくさん挨拶してくれ、トイレも綺麗でした。

一方で、誰もまともに対応してくれない学校というのもありました。事務局は、外と接する学校の窓口ですから、その対応の良し悪しは学校全体の姿勢を映し出すものだと感じています。

事務局の対応は、実際に訪れなくても電話だけでもある程度わかります。

事務局の対応が粗末だが内部の先生は崇高な理念を語る、あるいはその逆のパターンも要注意。学校内で価値観がバラバラで、教職員に理念が浸透しておらず、担当者によって言うことが異なる恐れがあります。

学校説明会などが終わっていても、連絡すれば個別に案内してくれる学校もあります。「湘南白百合(神奈川県)」を受験する関西在住の子のお母様が連絡したところ、平日に先生が非常に丁寧に校内を案内してくれたそうです。

また、ある学校では、車椅子での受験を問い合わせた時に校長からOKをもらえたので志望校として頑張っていたのに、再度事務局に問い合わせるとNOとの対応。最終的に校長から「引き受けられない」と返答があり、志望校から外さざるを得ないという事がありました。もはやお話になりません。

興味のある学校には、ホームページやパンフレットを見るだけでなく、手間を惜しまず出向くなり電話をすることで、このように学校の様々な素顔に触れることができます。

24 学費・寄付金にも格差が

私立中学への進学が決まると、合格発表後の手付金（入学金）をはじめ、毎年相当額の支出とつきあう日々のスタートになります。

ちなみに、**私立中学3年間の費用の合計相場は約430万円（文部科学省「令和3年度子供の学習費調査」）**ですが、200万円ほどの私立もあります。初年度納付金の都内最高額は「上野学園（国際コース）」の211万7800円。一方、最安値は「八王子実践」「サレジオ」の66万8000円です。学費や初年度納付金の高い学校・低い学校についてはP.106の表にまとめてありますので、こちらをご覧下さい。

◎ 出て行くお金は授業料だけじゃない

学校を選ぶ際、学費のことは敢えて考えないようにされるご家庭も多いと思いますが、開成高校では、中学在学中に家計が急変し、進学を断念する家庭が出てきたことから、優秀な生徒を確保しておくために奨学金制度を設けました。そのくらい、6年間の学費の負担は大きいですし、家庭の状況も6年間ずっと同じとは限らないと身につまされます。

また、**寄付金は「1口から」と書かれていても、実際は5口以上が暗黙の了解……ということもあります。**このあたりは、学校説明会などで聞きづらいかもしれませんが、何かしらの形で確認されておくのをおすすめします。

さらに**学費と同じくらい親を悩ませるのが、おつきあいの費用。**

上の子が私立中、下の子が公立中に進学したある方が「部活だけでも、かかる金額が全然違う」と驚かれていました。

中学生のお小遣いの平均金額は3155円（ママソレ／2023年最新、お小遣いの平均はいくら?）ですが、部活でみんなお揃いのグッズを持つ、友達と映画やカラオケに行って食事まで……となると「ウチはウチ」と割り切ることが難しくなります。中でも大学附属校は顕著で、友達とスキーに行くのにマイクロバスを貸し切ったり、親の伝手でレストランを貸し切ったり――という派手な遊び方が普通という学校もあります。特に小学校からの内部進学組がいる学校に顕著ですので（もちろん全部の学校がそうではありませんが）、〝そういう世界もある〟程度に、心にとめておいて下さい。

東京都の私立　初年度納付金（費目別）の高い学校・低い学校一覧

	高い学校		低い学校	
	金額	学校名	金額	学校名
初年度納付金（総額）	2,117,800円	上野学園（国際コース）	668,000円	八王子実践、サレジオ
	1,922,300円	玉川学園中学部（IBクラス）	715,000円	愛国
	1,540,000円	ドルトン東京学園中等部	748,000円	開智日本橋学園
	1,496,000円	成蹊（国際学級）	762,000円	北豊島
	1,450,000円	慶應義塾中等部	776,700円	東星学園
授業料	1,351,000円	玉川学園中学部（IBクラス）	300,000円	愛国
	1,350,000円	上野学園（国際コース）	360,000円	北豊島、日本体育大学桜華、修徳
	930,000円	ドルトン東京学園中等部	372,000円	八王子実践、帝京、帝京大学
	900,000円	慶應義塾中等部	384,000円	東京立正
	857,000円	玉川学園中学部（一般クラス）	387,600円	郁文館（一般クラス）
入学金	450,000円	頌栄女子学院	80,000円	サレジオ
	400,000円	ドルトン東京学園中等部	100,000円	開智日本橋学園、桜美林
	388,000円	広尾学園	150,000円	玉川学園中学部
	380,000円	女子学院、桜蔭	180,000円	瀧野川女子学園
	370,000円	武蔵	200,000円	東京家政学院他15校
施設費	240,000円	東邦音楽大学附属東邦	0円	暁星他141校
	200,000円	本郷他3校	30,000円	瀧野川女子学園、吉祥女子
	170,000円	目黒学院、国立音楽大学附属（総合表現コース）	50,000円	成城他９校
	160,000円	聖心女子学院中等科他2校	60,000円	京華他2校
	150,000円	トキワ松学園他７校	70,000円	渋谷教育学園渋谷他2校
その他	576,000円	武蔵野東（特別支援学級）	0円	成女学園、駿台学園
	567,800円	上野学園（国際コース）	36,000円	八王子実践
	528,000円	成蹊（国際学級）	48,000円	駒込、駒場東邦
	421,300円	玉川学園中学部（IBクラス）	57,500円	武蔵野
	411,300円	玉川学園中学部（一般クラス）	58,800円	広尾学園（本科コース）他2校

＊出典：令和6年度「東京都内私立中学校の学費の状況について」東京都生活文化スポーツ局
＊生徒非募集校を除く。また、一部、学校名を省略し、学校数のみ記載しています。

column 2 男子校・女子校・共学校・男女別学

私立の中高一貫校を受験すると決めて、様々な学校を眺めると、「男子校：女子校：共学校＝1：1：1」くらいの印象を受けますが、この10年間で約100校の男子校・女子校の共学化が進み、実は全国の高校のうち、男子校は2・0％、女子校は5・8％、共学校は92・2％となっています（2023年）。

男子校や女子校がいいのか、共学がいいのかはよく議論されます。共学で勉強やクラスは別々の「男女別学」というカテゴリーもあります。

お子さんがすでに「共学に行きたい」「男子校（女子校）に行きたい」と言っている場合は別として、男女別の学校にするか、共学にするかというのは、学校を選ぶ際の最初の大きなポイントになります（両方を併願するパターンもあります）。ここでは、①男子校②女子校③共学校④男女別学、それぞれのメリット、デメリットをお話しします。

①男子校

男子校の生徒は、本当にのびのびしています。バカができるし、バンカラにもなれるし、友達と下ネタで盛り上がれる。カリキュラムも、男子のあり余る体力を発散させるように組まれています。もちろん、勉強だけを重んじる予備校のような男子校もあるのですが、総じて子どもが萎縮せず、本来の自分を出して6年間が過ごせる学校が多いのが特徴です。先生も、生徒に腹を割って話しやすいので、厳しい指導もその中で生きてくるのが男子校のいいところです。

男子校を目指す男の子に「どうして男子校なの？」と聞くと、「女子が怖いから」という子が結構な人数いるのに驚かされます。「聖学院（東京都）」は、学校説明会で校長が「小学校で女子にいじめられている気の弱い男の子は、ぜひ来てください。うちでちゃんとのびのびさせますから」と話すほどで、気の弱い男子（!?）をたくましく育てるためのカリキュラムが、海外研修なども含めしっかり組まれています。また、「鎌倉学園（神奈川県）」は一日5回バカ笑いができるバンカラ校です。いつも遅刻してくる生徒がおり、問い詰めたところ、「敷地内の山の中でテントを張って自分たちで朝会をしていた」というような、いかにも男子らしい話がたくさんあります。

一方、男子校のデメリットは、女子との距離感がつかめなくなることだとよく言われます。明治大学の諸富祥彦教授は著書『明治大学で教える「婚育」の授業』（青春出版社）の中で「大学1、2年生で彼女がいる割合は、共学出身の男子40％、男子校出身の男子9％」と示しており、この差は大学3年生以降で埋まるそうです。ただ、男子校の説明会では「彼女ができるかどうかは男子校、共学校は関係なく、本人次第」とおっしゃる先生が大半のようではありますが…。

また、容姿や身だしなみに気を使わなくなる点もデメリットとして挙げられます。

②女子校

女子校の魅力は、異性を気にせず自分をさらけ出せることです。男子校も同じですが、多感な時期に異性が同じ空間にいるか、いないかの差は大きく、外見を気にし始める中高時代に女性しかいないというのは、自由で伸びやかになれます。

また、荷物一つを運ぶにしても、「重いものは男子担当で♡」という発想が起きようもなく「1人で何でもできるようになった」「男性を頼るという発想がない」と語る女子校出身者は多いです。

そのため、大人になって周りを見ると、女子校出身者は、いくつになっても学生時代の仲間と遊んだり、旅行に行ったりしている人が多く、70代で「毎月集まる」という方も。もちろん、男子校や共学校でも一生の友達はできますが、より中高6年間の結束が固いのが女子校です。

よく「女子校はいじめが陰湿なのでは？」などと言われますが、いじめに関しては男子校、女子校、共学校共にありますし、「うちの学校はいじめなんて一切なかった！」という女子校出身者もいます。

また、伝統女子校（一般には戦前から続く学校）に限りますが、「就職」にメリットがある場合があります。日本のいわゆる大企業（最近の言葉でJTC）では、就職の時に女子の中学・高校までを考慮に入れるところがあります。例えば、同じ大学を卒業していても、伝統女子校と新興女子校では伝統女子校出身者が採用される率が高い企業があるのも事実です。ここには、年輩人事担当者による「伝統のある女子校は身元がしっかりしている」「躾がきちんとなされている」という価値基準があり、時代にそぐわなくなってきている面もあります。

伝統女子校の代表例「白百合学園」「雙葉」は、「良き子女を育てる」ことが教育の核となっており、宗教校（特にカトリック）であることも特徴です。そのため、学校のカラーが明確で、学校説明会に行って「こういう雰囲気は嫌！」と瞬時に判断する子もいます。

東大合格者数が女子校で日本一の「桜蔭」は「勉強一色」というイメージを持たれますが、「礼法」という授業があり、「和室での立ち居振る舞い」などを学びます。このような作法を学ぶ機会があるのは、女子校ならではです。

女子校の内実を詳しく知りたい方には、女子学院出身のエッセイスト辛酸なめ子さんの『女子校礼讃』（中公新書ラクレ）がおすすめです。各校の校風だけでなく、コロナ禍を経た最新の女子校事情を知ることができます。

③共学校

共学校のメリットは、実社会と同じバランスで、男女が行動を共にできるということです。男女の距離感やコミュニケーションの取り方などは、男女別の学校よりも大きく育まれます。また、恋愛経験を積みやすい環境にあり、その後の人生においても色々な影響を及ぼします。

共学校を志望する理由は男子と女子で異なります。女の子は「小学校でもいつも男子と遊んでいる」「女子はじめじめしていて嫌だ」といったさっぱりしたタイプが多いですが、男の子は「女の子が好きだから」という子が多い傾向にあります。

ただし、中学生の時点では精神年齢に男女差があり、男女同数のクラスでは女子が主導権を握ることが多くなります。そのため、「慶應中等部」（募集定員が男子約120名 女子約50名／2024年度）のように、男女バランスを考慮して募集している学校もあります。

④男女別学

耳慣れない言葉かもしれませんが、同じ学校で男女が別々に授業を受ける形態を「男女別学」と呼びます。男女を別学にする理由として、中学校入学時点での男子と女子の成長度合いの乖離にそれぞれきめ細かく対応するという理念があります。海外でも、性差の脳科学的なデータを取り入れ、男女別学を採用している例があります。

男女別学と一口にいっても、その種類は様々。

「桐光学園（神奈川県）」や「国学院久我山（東京都）」は完全別学で、授業は6年間別々ですが、部活動や学校行事は男女一緒になります。一方、「西大和学園（奈良県）」は中学の間は別学ですが、高校から共学になります。

◎寮のある学校

本コラムとはテーマが少しずれますが、寮のある学校についても触れておきます。

寮のある私立中学校は全部で147校あり、生徒全員が入る「全寮制」と、遠方で通学できない生徒のみが寮生活を送る「寮制」があります。

私立中高一貫校では、寮は高校からという学校が圧倒的多数。共学の場合、中学は男子寮のみで、高校から女子寮も加わるのが一般的です。

全寮制で有名なのは「青雲（長崎県）」。男子は中学から全寮制、通学困難な女子は高校から指定下宿で生活します。「ラ・サール（鹿児島県）」は自宅生が「寮に入りたい」と言うほど楽しい寮生活に見えるようですが、勉強はしっかりと管理されます。

多くの寮は、中学生の間は4人部屋ですが、「函館ラ・サール（北海道）」の中学生は大部屋でなんと50人が一緒！　毎日が修学旅行みたいですね。そして多くの寮が高校からは1人部屋になります（ただし函館ラ・サールは4人部屋）。

寮生活は仲間と寝食を共にするわけですから、印象は人によって様々です。ガチガチの管理に馴染めず辞める子もいれば、家では勉強できないが寮だから勉強できた、と振り返る子もいます。

ただ、寮生活を送った子は、実家に帰ると自分のことは自分でするようになると多くの保護者の方が言います。寮生活が辛いものではなく、楽しく自立を促してくれるものになれば、これほど最高の場はありませんよね。

STEP-2

志望校対策篇

志望校が決まったら即、対策を。
合格への「最大の鍵」となる
「過去問対策」のすべて

第3章

最大効果を上げる「赤本」の使いこなし方

「過去問は〝ダウンロード〟」だけでは不十分

先日、「最近の受験家庭は〝赤本〟（過去問題集）をあまり買わない」という話を聞いて非常に驚きました。そのため、売れ残った赤本は、タイトルになっている学校に出版社が買い取ってもらうこともあるそうです。

赤本を買わずして一体どのように志望校対策をするのだろう、まさか過去問を解かずに本番を迎えることはないだろう——と色々なことが一瞬で頭をよぎったのですが、よくよく話を聞いてみると今は「インターネットでダウンロードする」など、お金をかけずに入手できる手段が増えたのも要因のひとつ、とのことでした。

◎ 赤本は必要不可欠なツール

6年生のEちゃんは早々に第一志望が決まっていましたが、9月半ばになっても第一志望の赤本がありませんでした。他の6年生のご家庭は（5年生のご家庭でも）棚に並んだ志望校の赤本の背表紙が無言で威圧感を与えてくるのですが、**赤本がないと焦燥感も湧きま**

せん。

「もうさすがに買ってもらってね」と伝えると、2週間後に第一志望の赤本が一冊、本棚に立っていました。

月日は流れ11月。そろそろ第二志望、第三志望の過去問に取りかかろうと思い、どの年から解かせようか判断するために「赤本見せて」と言うと、何とまだ買っていないとのこと。

「え⁉ どうして⁉ ここも受験するよね？」と聞くと、お母様が「学校説明会でもらってきたものが一年分あります」といって封筒から出して下さいました。

◎赤本で気持ちを鼓舞する

赤本は、問題分析や対策をするために必要なツールですが、それ以上に「自分はこの学校を受験するんだ！」という気持ちを鼓舞する立役者です。赤本のない勉強部屋は、受験生の部屋には見えません。

この章では、過去問をインターネットでダウンロードする方法も推奨しています。しかし、それはあくまで赤本を手元に置いた上での話です。

なぜ赤本が必要なのか、どのように使うのかをこの章でお話ししていきます。

25 「赤本」は目的によって使い分ける

赤本とは、学校別に入試問題を集めたものの通称で、学校名がタイトルになっているものを言います。表紙が真っ赤なものが多いのでこのように呼ばれていますが、出版社によって表紙が赤以外のものもあり、単に、

「特定の学校の過去問題集」＝「赤本」

という意味で使われています。

元は大学受験用に、大学・学部別に編纂された大学入試過去問題集を指しましたが、今は高校受験、中学受験にもこの名称が広がっています。大学受験を経験された方のご家庭はもちろん、予備校や高校の進路室にもズラリと並んでいたのではないでしょうか？

私も高校2年の時から、第一志望の赤本を机の上に置いて（飾って）、それを励みに勉強しました。

「うちの子は塾で一番下のクラスなので、志望校がまだ決まっていなくて……。そもそも中学受験に向いているかどうか」とおっしゃるご家庭を訪問すると、本棚には開成や聖光学院、麻布といった赤本がズラリと並んでいる、というのも珍しくありません。

それもまだ4年生だったりすると、中学受験に並々ならぬ意欲を持たれているご家庭、という印象を受けます。

◎赤本は様々な出版社から出ている

関東地方ならば「声の教育社」「東京学参」、関西・東海地方ならば「英俊社」が幅広い学校を扱っており、単なる入試問題だけではなく、解答、解説はもちろんのこと、解答用紙や配点、合格者平均や合格最低点、頻出分野の分析、学校情報など色々な内容が含まれているものもあります。ただ、掲載されている過去問の量（年数）は学校によって異なり、値段も学校によって異なります。

ただし、**配点は出版社想定の学校が多く**、学校によっては過去の得点情報が記載されていません。時々答えや解説に誤りがある場合もあるので、解いた問題で疑問を感じることがあれば塾の先生等に聞きましょう。

◎志望校が決まっておらず、幅広い学校の過去問を見たい場合は？

志望校がまだ決まっていなくて、出題傾向を知るために色々な学校の過去問をパラパラ見てみたい、という時には、

『有名中学入試問題集』（声の教育社）、**『中学入試試験問題集』（みくに出版）**

のいずれかがおすすめです。

『有名中学入試問題集』は関東の最難関校・難関校を中心に最新年度の過去問が4科目セットで入っており、各学校の傾向を見ることができます。

『中学入試試験問題集』は、カバーが銀色なので、通称「銀本」と呼ばれ、塾によっては指定で買わされることもあります。私立中学用は関東のほとんどの学校と一部それ以外の学校、公立中高一貫校用は全国の学校の最新年度の適性検査問題が掲載されているため、目指している学校の偏差値帯が広く、色々な学校の入試問題が見たい場合に便利です。私立中学用は科目別になっており、必要な科目だけ購入することができます。ただし、解説は一切載っておらず、解答しか載っていません。配点の記載もなく、点数を出すことができないため、入試問題の見本市だと思って活用して下さい。

学校ごとの過去問が数年分セットに

左）渋谷教育学園幕張中学校
2025年度用―4年間（＋3年間HP掲載）
スーパー過去問
2700円＋税／声の教育社

右）神戸女学院中学部
2024年度受験用
（中学校別入試対策シリーズ）
2700円＋税／英俊社

色々な学校の最新年度の過去問が4科目セットで見られる

左）2024年度用
国立・私立 有名中学入試問題集
男子校・共学校編
5800円＋税／声の教育社

右）2024年度用
国立・私立 有名中学入試問題集
女子校・共学校編
5800円＋税／声の教育社

色々な学校の過去問を科目ごとに見られる

左）2024年度受験用 中学入学試験問題集 算数編　2500円＋税／みくに出版
中）2024年度受験用 中学入学試験問題集 国語編 男子・共学校　3100円＋税／みくに出版
中）2024年度受験用 中学入学試験問題集 国語編 女子・共学校　3100円＋税／みくに出版
右）2024年度受検用 公立中高一貫校適性検査問題集 全国版　3300円＋税／みくに出版

26 「赤本」をケチると後悔する

皆さんは赤本をどのように入手されますか？　赤本はたいてい6月頃、最難関校から順に書店に並び始め、夏にはほぼすべての学校が出揃います。

ただ、今はネットで簡単に入手することができる時代です。ご家庭に指導で伺うと、第一志望は最新でも、第二志望以下は中古の赤本を購入されているケースが結構あります。塾や家庭教師に毎月相当の出費をし、「締めるところは締める！」と、安い赤本（古いもの）を購入される気持ちはとてもよくわかります。

しかし、**受験する学校の赤本は必ず最新年度のものを買って下さい。**なぜならば、入試問題の傾向は少しずつ変化するため、昔の過去問では参考にならない場合があるからです（もちろん、中にはずっと変化しない学校もあります）。

また、**志望校が決まっていればなるべく早く購入するのが鉄則**です。他の本と異なり、赤本は増刷されません。中には売り切れてしまう学校もあり、出遅れると最新の赤本を入手することが不可能になってしまいます。

◎第二志望、第三志望の赤本も必要

「第二志望、第三志望なんて学校説明会でもらった一年分をやっておけばいいでしょ」と考えているご家庭も多いのですが、学校によって出題傾向は異なります。**偏差値的に余裕があるからといって、実際に点数が取れるかどうかはわかりません。**よって志望校対策は必須であり、そのためには数年分の過去問が必要です。

後述する頻出分野分析（P．140）でも赤本を使用します。書店でパラパラと立ち読みすると「ダイヤグラムが好きな学校だな」「詩が出る年もあるんだ」「社会でこんなに記述させている」など学校の特徴をざっくりと知ることはできますが、それだけで志望校の頻出分野をしっかりと把握できるほど甘くはありません。また、赤本自体にも各科目の出題傾向分析は掲載されていますが、他人（出版社）が分析したものを見ても受験生にとっては他人事です。

さらに、赤本には学校の様々な情報も載っています。

子どもが好きなのは部活一覧。そのページを眺めて中学校生活に思いを馳せるのは、勉強するモチベーションを保つ上でも重要です。情報が過去のものでガッカリした……、とならないためにも、行かせる気のある学校の赤本は、必ず最新年度のものをいち早く買いましょう。

◎出題形式に慣れる必要がある学校なら10年分揃える

ただし、お子さんが比較的早い時期から過去問に取り組む力があり、出題形式に変化がない学校の場合は、新しい赤本に加え、古い赤本（2〜3冊）も揃えておくと安心です。

例えば「慶應中等部」は、高度な処理能力と問題見極め力を求められる学校ですが、中等部を志望するお子さんは器用なタイプが多く、一度解いた過去問は「あ、これ捨て問だった」「これは時間がかかる問題だった」と覚えてしまいます。これでは訓練にならないので、古い赤本も含めて10年分くらいは揃えてもらうようにしています。

後述するように、**基本的に第一志望の赤本は一冊分を終わらせるのが目安ですが、学校によっては数をこなす必要がある**ので、塾の先生に「この学校は何年分くらい揃えれば良いでしょうか」と聞いてみて下さい。

27 点数を引き出す「赤本」の使い方

問題用紙、解答用紙の準備は、親御さんが行ってあげましょう。後述するように本物の入試問題が入手できればベストですが、できない場合は、赤本を使って過去問を解くことになります。

しかし、**絶対にしてはいけないのは「解いておきなさい」といって子どもに赤本をポンと渡すこと。**

子どもは赤本を渡されると、そこに直接ごちゃごちゃと書き入れて解いていきます。普段は授業や宿題でノートにきちんと式や図を書いて解いている子でも、です。

赤本は一回分の入試問題を数ページに収めるためにギュウギュウにレイアウトされているため、余白がほとんどありません。本来であればノート半ページあるいは1ページを使わないと解けない問題（実際の入試問題でもそれだけの余白をとっている学校が多い）を、赤本の隅の方で解き散らかすことになります。

「志望校の過去問題」「制限時間」「解くスペースがない」という要因が絡み合い、焦って筆跡も別人のように乱れます。これでは、当然点数は取れず、どこで何を間違えたのか、見直すこともできません。

よって、赤本を使って解かせる場合は、

・解く問題のページをコピーする（できれば拡大コピー）
・ノートあるいは真っ白な紙に解く

ように指示して下さい。

もし時間があれば、算数と理科に関しては、

・左に問題、右に解くスペース（白紙）

という形状に整えてあげましょう。Ａ４でコピーした問題の右に、Ａ４の白紙をテープでくっつけるだけでもずいぶん解きやすくなります。

普段は非常に達筆で参考書のようなノートのT君も、赤本に書き込んで解いた過去問は解くスペースがなく、苦戦していました（P.127参照）。**問題の右側に余白スペースを作って、いつも通りの筆跡で解くように指示したところ（P.126参照）、点数が30点上がりました。**

過去問で点数が取れなくて落ち込むのは本人と親です。しかし、過去問を解くための準備不足が原因だとしたら、ぜひその障害を取り除いてあげて下さい。

◎ 解答は必ず親が保管する

解答は必ず親が保管しましょう。

解答がついていると、子どもはどうしてもそれを見てしまうものです。子どもは、たとえカンニングであっても「良い点数を取った」という実績と、喜ぶ親の顔が見たいのです。

さらに怖いのが、カンニングすることによって考える力が去勢されていくことです。

「うちの子に限って……」ということはありません。

カンニングを簡単にできる状況・環境をつくってしまう大人が悪いと心得ましょう。

After 赤本をコピーし、左に問題
右に解くスペースという形に
整えて渡すとスッキリ。

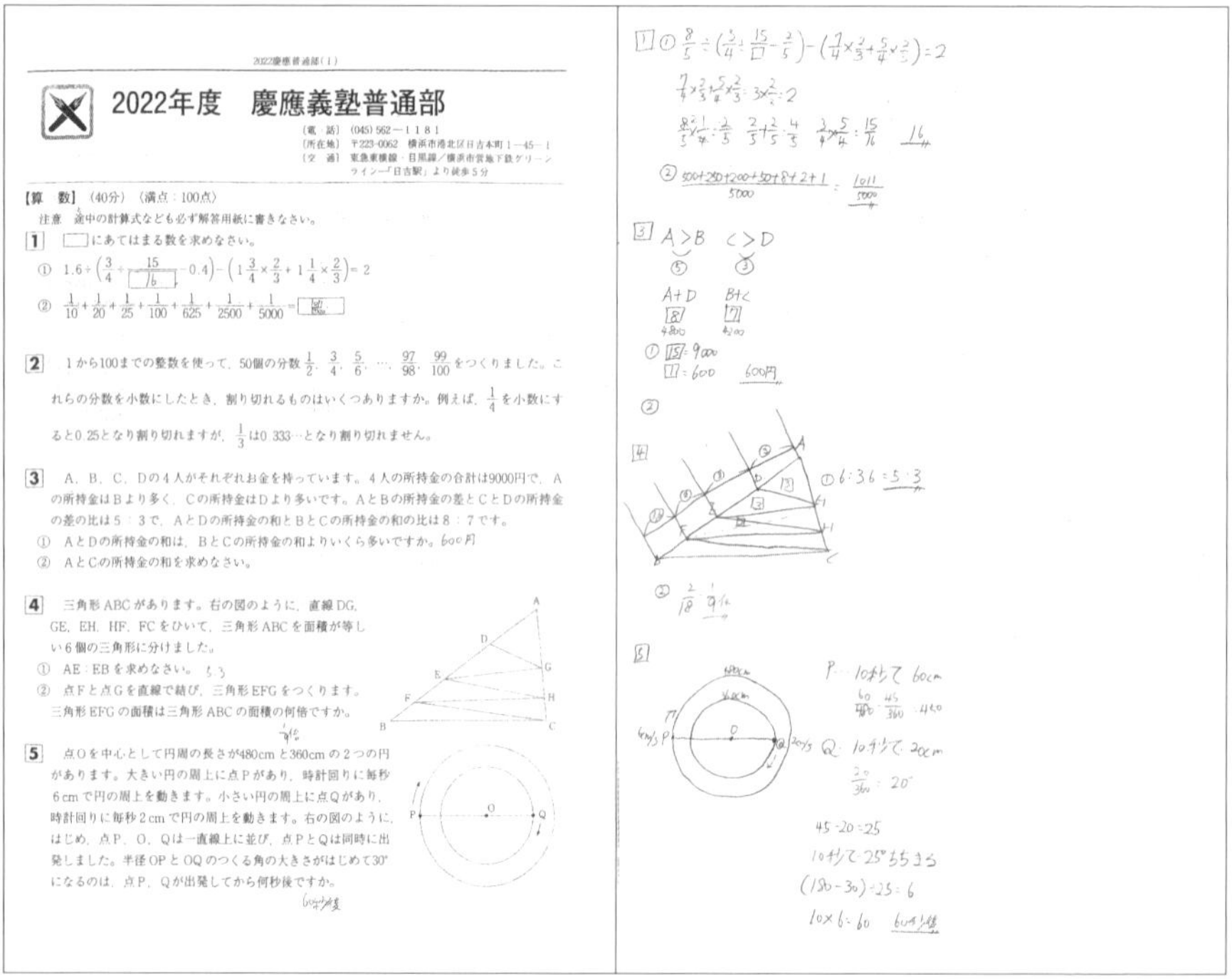

2022慶應普通部(1)

2022年度　慶應義塾普通部

〔電　話〕(045) 562－1181
〔所在地〕〒223-0062　横浜市港北区日吉本町1－45－1
〔交　通〕東急東横線・目黒線／横浜市営地下鉄グリーンライン－「日吉駅」より徒歩5分

【算　数】（40分）〈満点：100点〉

注意　途中の計算式なども必ず解答用紙に書きなさい。

1　□にあてはまる数を求めなさい。

①　$1.6\div\left(\frac{3}{4}\div\frac{15}{\square}-0.4\right)-\left(1\frac{3}{4}\times\frac{2}{3}+1\frac{1}{4}\times\frac{2}{3}\right)=2$

②　$\frac{1}{10}+\frac{1}{20}+\frac{1}{25}+\frac{1}{100}+\frac{1}{625}+\frac{1}{2500}+\frac{1}{5000}=\square$

2　1から100までの整数を使って，50個の分数$\frac{1}{2}$，$\frac{3}{4}$，$\frac{5}{6}$，…，$\frac{97}{98}$，$\frac{99}{100}$をつくりました。これらの分数を小数にしたとき，割り切れるものはいくつありますか。例えば，$\frac{1}{4}$を小数にすると0.25となり割り切れますが，$\frac{1}{3}$は0.333…となり割り切れません。

3　A，B，C，Dの4人がそれぞれお金を持っています。4人の所持金の合計は9000円で，Aの所持金はBより多く，Cの所持金はDより多いです。AとBの所持金の差とCとDの所持金の差の比は5：3で，AとDの所持金の和とBとCの所持金の和の比は8：7です。

①　AとDの所持金の和は，BとCの所持金の和よりいくら多いですか。

②　AとCの所持金の和を求めなさい。

4　三角形ABCがあります。右の図のように，直線DG，GE，EH，HF，FCをひいて，三角形ABCを面積が等しい6個の三角形に分けました。

①　AE：EBを求めなさい。

②　点Fと点Gを直線で結び，三角形EFGをつくります。三角形EFGの面積は三角形ABCの面積の何倍ですか。

5　点Oを中心として円周の長さが480cmと360cmの2つの円があります。大きい円の周上に点Pがあり，時計回りに毎秒6cmで円の周上を動きます。小さい円の周上に点Qがあり，時計回りに毎秒2cmで円の周上を動きます。右の図のように，はじめ，点P，O，Qは一直線上に並び，点PとQは同時に出発しました。半径OPとOQのつくる角の大きさがはじめて30°になるのは，点P，Qが出発してから何秒後ですか。

書くスペースが
大きいと
頭も整理されて
得点アップ！

＊出典：『慶應義塾普通部 2023年度用 10年間スーパー過去問』（声の教育社）より

赤本の使い方ビフォー・アフター

Before

子どもに赤本を渡すとこのようにせまいスペースにごちゃごちゃと書き込んでしまいます。

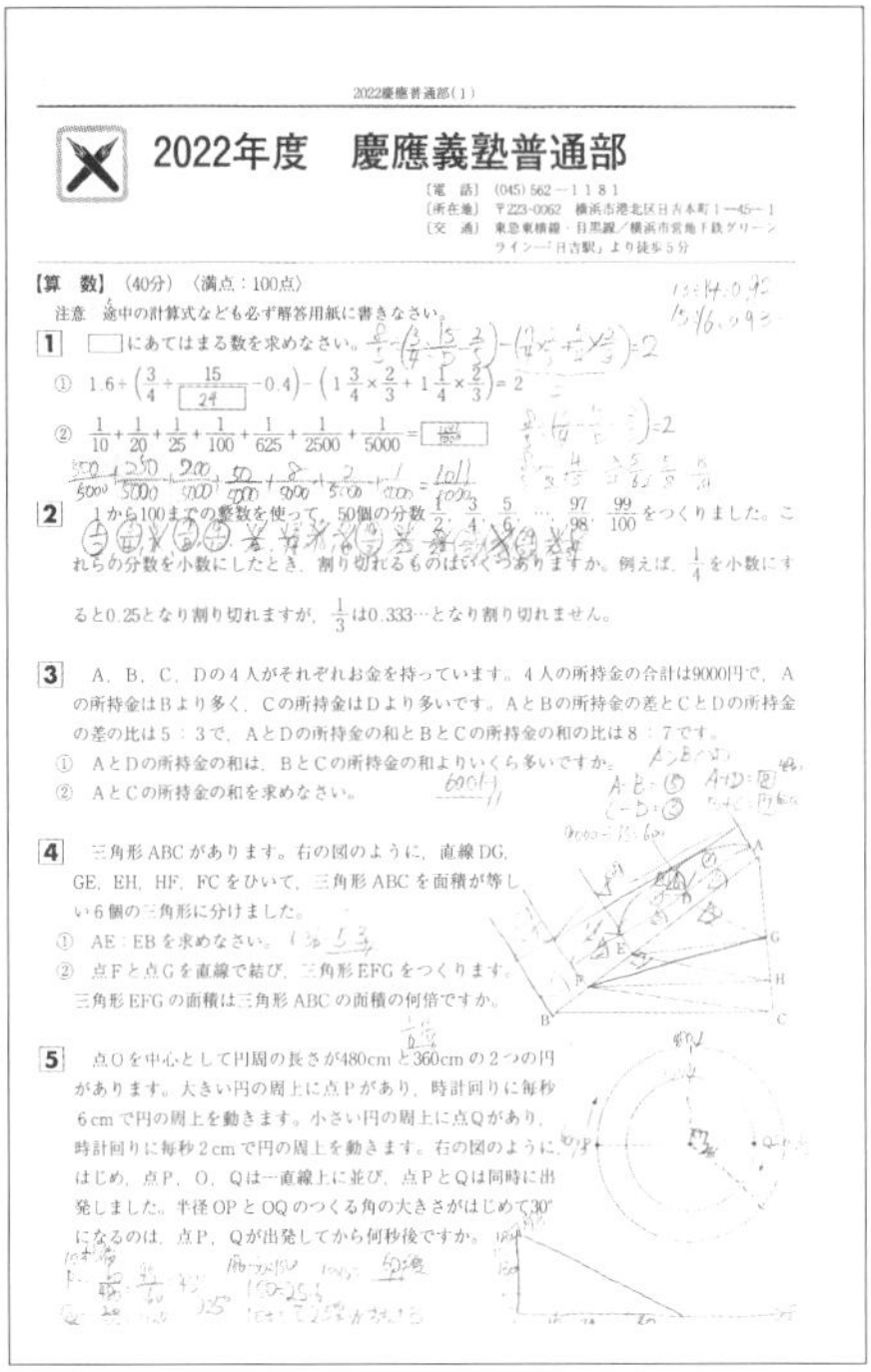
2022慶應普通部(1)

2022年度　慶應義塾普通部

〔電　話〕(045) 562−1181
〔所在地〕〒223-0062　横浜市港北区日吉本町1−45−1
〔交　通〕東急東横線・目黒線／横浜市営地下鉄グリーンライン−「日吉駅」より徒歩5分

【算　数】(40分)〈満点：100点〉

注意　途中の計算式なども必ず解答用紙に書きなさい。

1　□にあてはまる数を求めなさい。

① $1.6 \div \left(\frac{3}{4}+\frac{15}{\square}-0.4\right)-\left(1\frac{3}{4}\times\frac{2}{3}+1\frac{1}{4}\times\frac{2}{3}\right)=2$

② $\frac{1}{10}+\frac{1}{20}+\frac{1}{25}+\frac{1}{100}+\frac{1}{625}+\frac{1}{2500}+\frac{1}{5000}=\square$

2　1から100までの整数を使って、50個の分数 $\frac{1}{2}$, $\frac{3}{4}$, $\frac{5}{6}$, …, $\frac{97}{98}$, $\frac{99}{100}$ をつくりました。これらの分数を小数にしたとき、割り切れるものはいくつありますか。例えば、$\frac{1}{4}$ を小数にすると0.25となり割り切れますが、$\frac{1}{3}$ は0.333…となり割り切れません。

3　A, B, C, Dの4人がそれぞれお金を持っています。4人の所持金の合計は9000円で、Aの所持金はBより多く、Cの所持金はDより多いです。AとBの所持金の差とCとDの所持金の差の比は5：3で、AとDの所持金の和とBとCの所持金の和の比は8：7です。

① AとDの所持金の和は、BとCの所持金の和よりいくら多いですか。

② AとCの所持金の和を求めなさい。

4　三角形ABCがあります。右の図のように、直線DG, GE, EH, HF, FCをひいて、三角形ABCを面積が等しい6個の三角形に分けました。

① AE：EBを求めなさい。

② 点Fと点Gを直線で結び、三角形EFGをつくります。三角形EFGの面積は三角形ABCの面積の何倍ですか。

5　点Oを中心として円周の長さが480cmと360cmの2つの円があります。大きい円の周上に点Pがあり、時計回りに毎秒6cmで円の周上を動きます。小さい円の周上に点Qがあり、時計回りに毎秒2cmで円の周上を動きます。右の図のように、はじめ、点P, O, Qは一直線上に並び、点PとQは同時に出発しました。半径OPとOQのつくる角の大きさがはじめて30°になるのは、点P, Qが出発してから何秒後ですか。

これでは
計算間違いや
書き写しミスが
必ず起きる！

28 入試問題の実物は必須

赤本は全体を俯瞰して志望校の傾向を知るためには非常に使い勝手が良いのですが、規定のページ数に収めるために再レイアウトされているのが普通ですから、P．123でもお話したように、実際の入試問題と見た目が大きく異なります。

子どもが本番で力を発揮するためには、志望校の入試問題のレイアウトと解答用紙に慣れておく必要があります。同じ問題でも、見た目や解答用紙の記入欄のサイズが異なるだけで子どもは平常心を失います。

過去問を解く時は、本来は赤本のコピーでなく、本物の入試問題を使うのがベストです。特に国語は、赤本では文章が2段組みになっているため読みやすいのですが、実際は段で仕切られていない場合が多く、視線の動きが変わり、問題処理速度に影響します。

◎ 本物の入試問題・解答用紙を見るには

本物の入試問題・解答用紙は学校説明会で無料で配られたり、販売していたりなど様々ですが、最新年度のものしか入手できない場合が多いです。

そこで**便利なのが「四谷大塚中学入試過去問データベース」(登録無料)**。本物の入試問題・解答用紙をスキャンしたものと解答(解説なし)が掲載されており、家庭でプリントアウトすることができます。学校によっては全科目が揃っておらず、掲載年数にもバラツキはありますが、非常に使い勝手のいいサイトです(ただし、国語は著作権の関係で掲載されていないことが多い)。

印刷する際には、少々注意が必要です。家庭のプリンターだと大抵セットされている用紙サイズはA4。そのA4サイズのままプリントアウトされるご家庭が多いですが、実際の入試問題はB4サイズだったりA3サイズを半分に折ったものだったりします。手間にはなりますが、**本当のサイズがわからなければ学校に問い合わせ、コンビニなどで必ず実際のサイズに拡大しましょう。**

ちなみに、「武蔵」や「ラ・サール」は算数の問題が手書きで、活字に慣れた受験生はとまどうことが多いようです。入試問題の見た目に既視感を持っておくことは非常に大切です。このひと手間、ふた手間で子どもの本番での緊張度合いやパフォーマンスが大きく変わってきます。

実物

実物の問題用紙はB4を二つ折にしたB5サイズ。大問2～大問6まで、それぞれの問題の隣のページは白紙になっており、十分に計算や考え方などを書くことができる。

ちなみに解答用紙は解答のみを書くタイプ

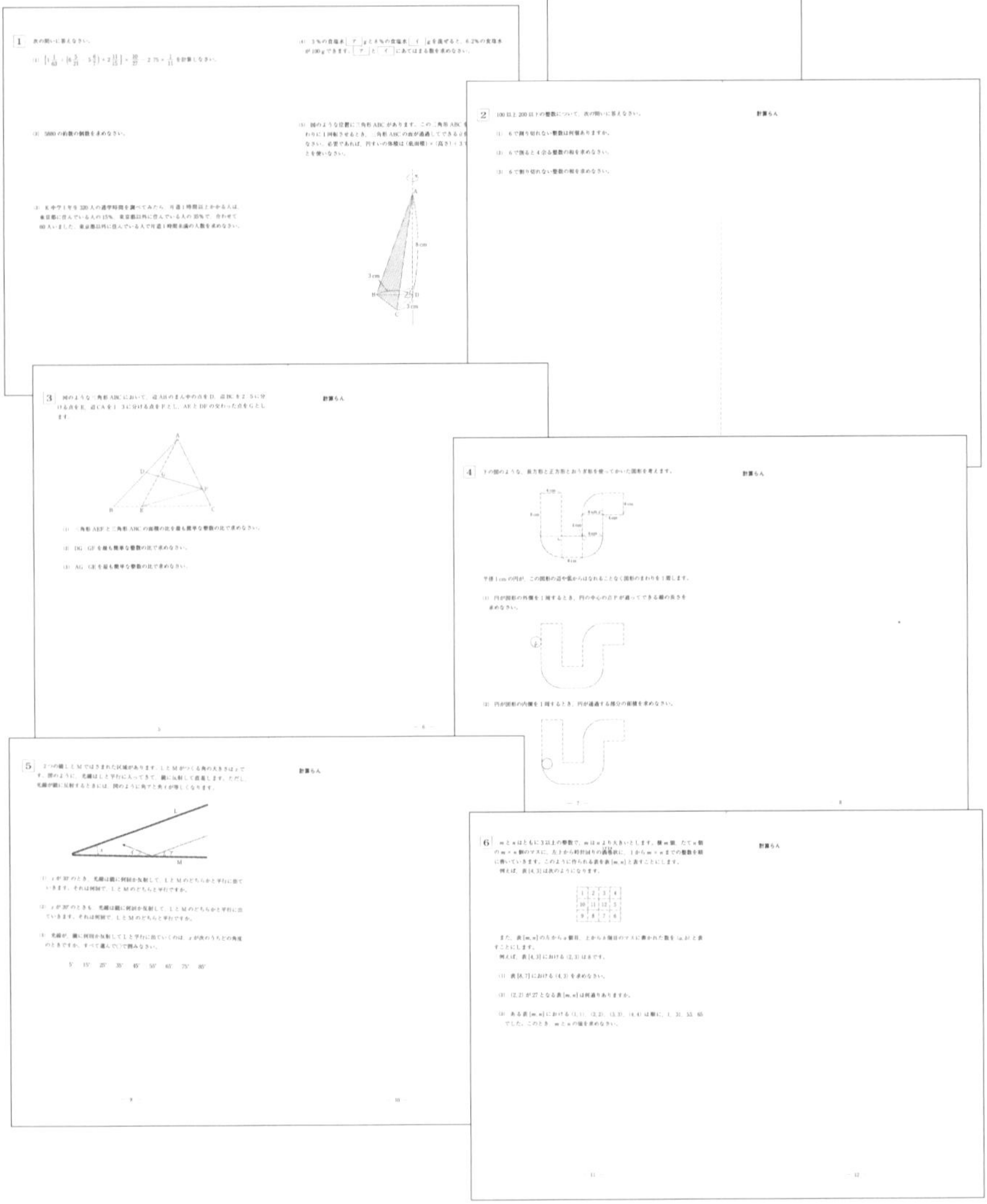

2023年度の海城中学校の入試問題「赤本」と「実物」の比較

赤本

赤本（「海城中学校 2024年度用 6年間スーパー過去問」（声の教育社刊））では大問の1～6がスペースなく並べられており、解くスペースがほとんどない

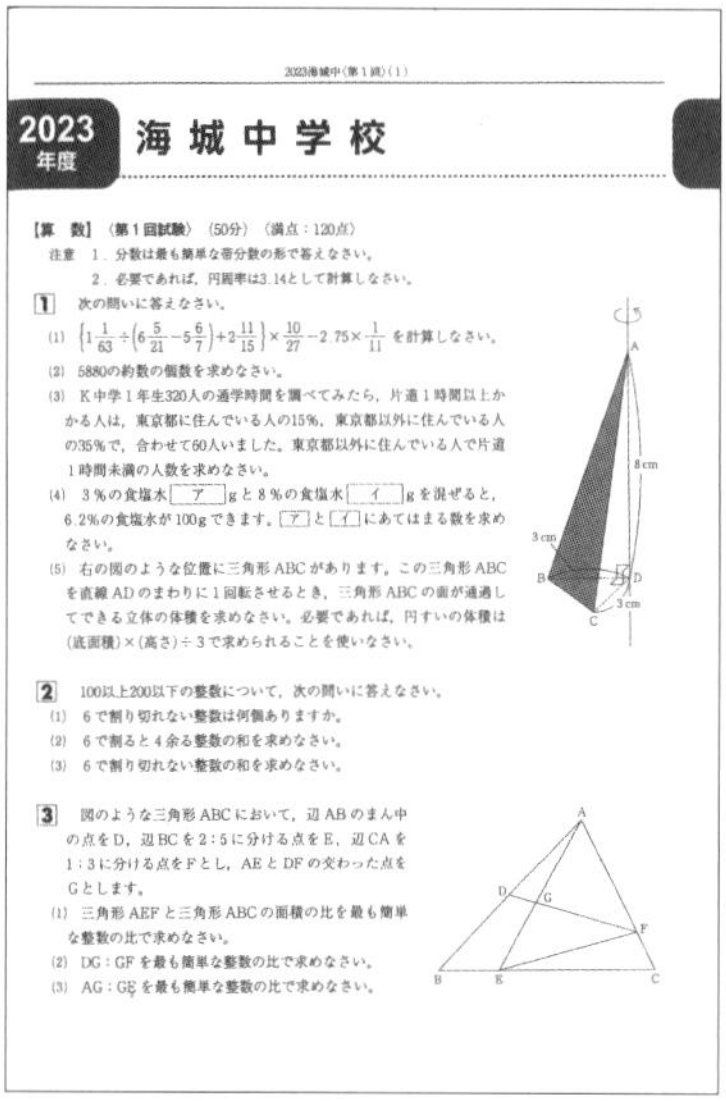

2023海城中〈第１回〉(1)

2023年度 海城中学校

【算　数】〈第１回試験〉（50分）〈満点：120点〉

注意　1．分数は最も簡単な帯分数の形で答えなさい。
　　　2．必要であれば，円周率は3.14として計算しなさい。

1　次の問いに答えなさい。

(1)　$\left\{1\frac{1}{63}\div\left(6\frac{5}{21}-5\frac{6}{7}\right)+2\frac{11}{15}\right\}\times\frac{10}{27}-2.75\times\frac{1}{11}$ を計算しなさい。

(2)　5880の約数の個数を求めなさい。

(3)　K中学１年生320人の通学時間を調べてみたら，片道１時間以上かかる人は，東京都に住んでいる人の15%，東京都以外に住んでいる人の35%で，合わせて60人いました。東京都以外に住んでいる人で片道１時間未満の人数を求めなさい。

(4)　３%の食塩水［ア］gと８%の食塩水［イ］gを混ぜると，6.2%の食塩水が100gできます。［ア］と［イ］にあてはまる数を求めなさい。

(5)　右の図のような位置に三角形ABCがあります。この三角形ABCを直線ADのまわりに１回転させるとき，三角形ABCの面が通過してできる立体の体積を求めなさい。必要であれば，円すいの体積は（底面積）×（高さ）÷３で求められることを使いなさい。

2　100以上200以下の整数について，次の問いに答えなさい。

(1)　６で割り切れない整数は何個ありますか。

(2)　６で割ると４余る整数の和を求めなさい。

(3)　６で割り切れない整数の和を求めなさい。

3　図のような三角形ABCにおいて，辺ABのまん中の点をD，辺BCを2：5に分ける点をE，辺CAを1：3に分ける点をFとし，AEとDFの交わった点をGとします。

(1)　三角形AEFと三角形ABCの面積の比を最も簡単な整数の比で求めなさい。

(2)　DG：GFを最も簡単な整数の比で求めなさい。

(3)　AG：GEを最も簡単な整数の比で求めなさい。

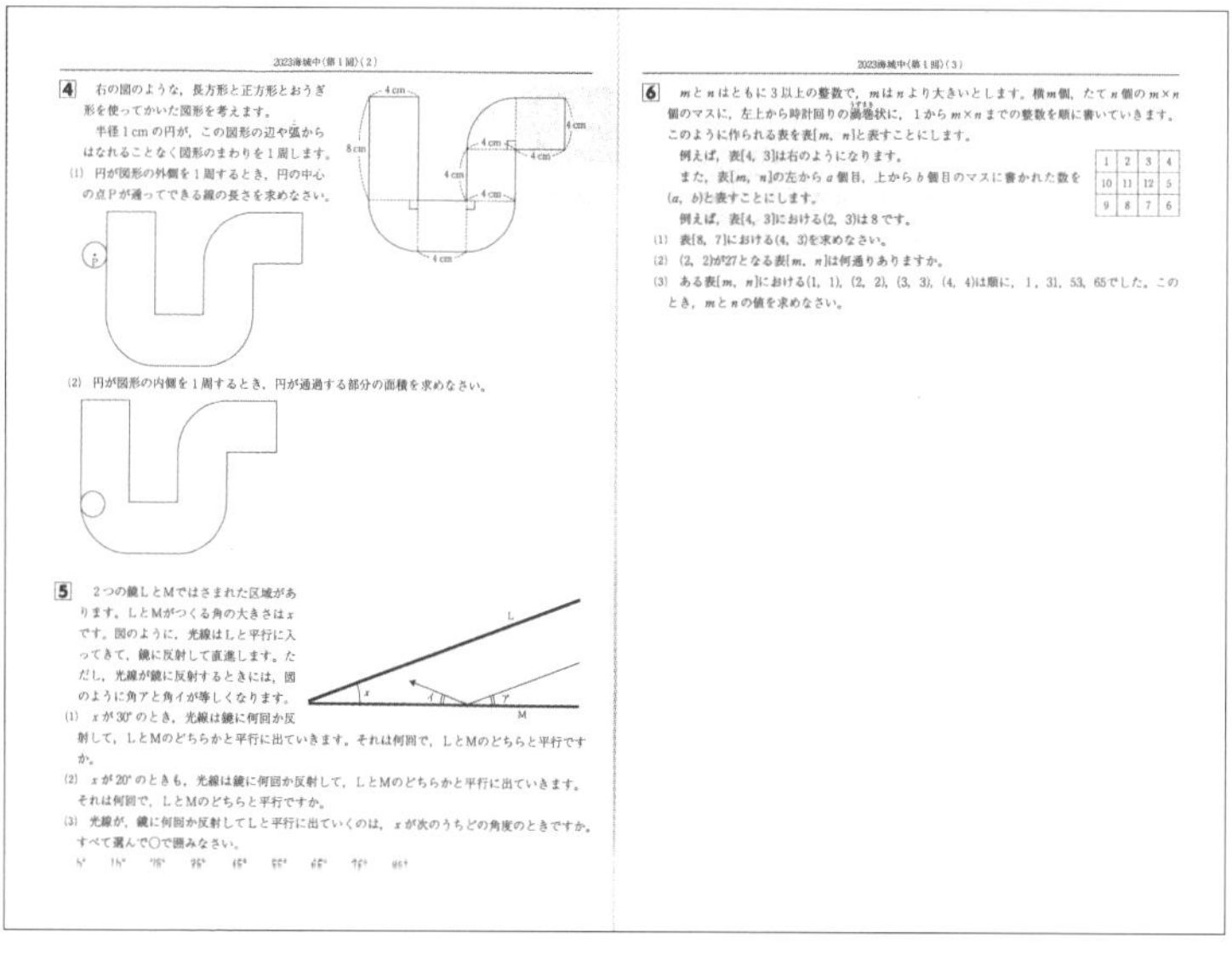

2023海城中〈第１回〉(2)

4　右の図のような，長方形と正方形とおうぎ形を使ってかいた図形を考えます。

　半径１cmの円が，この図形の辺や弧からはなれることなく図形のまわりを１周します。

(1)　円が図形の外側を１周するとき，円の中心の点Pが通ってできる線の長さを求めなさい。

(2)　円が図形の内側を１周するとき，円が通過する部分の面積を求めなさい。

5　２つの鏡LとMではさまれた区域があります。LとMがつくる角の大きさはxです。図のように，光線はLと平行に入ってきて，鏡に反射して直進します。ただし，光線が鏡に反射するときには，図のように角アと角イが等しくなります。

(1)　xが30°のとき，光線は鏡に何回か反射して，LとMのどちらかと平行に出ていきます。それは何回で，LとMのどちらと平行ですか。

(2)　xが20°のときも，光線は鏡に何回か反射して，LとMのどちらかと平行に出ていきます。それは何回で，LとMのどちらと平行ですか。

(3)　光線が，鏡に何回か反射してLと平行に出ていくのは，xが次のうちどの角度のときですか。すべて選んで○で囲みなさい。

2023海城中〈第１回〉(3)

6　mとnはともに３以上の整数で，mはnより大きいとします。横m個，たてn個の$m\times n$個のマスに，左上から時計回りの渦巻《うずまき》状に，１から$m\times n$までの整数を順に書いていきます。このように作られる表を表[m，n]と表すことにします。

　例えば，表[4，3]は右のようになります。

1	2	3	4
10	11	12	5
9	8	7	6

　また，表[m，n]の左からa個目，上からb個目のマスに書かれた数を(a，b)と表すことにします。

　例えば，表[4，3]における(2，3)は８です。

(1)　表[8，7]における(4，3)を求めなさい。

(2)　(2，2)が27となる表[m，n]は何通りありますか。

(3)　ある表[m，n]における(1，1)，(2，2)，(3，3)，(4，4)は順に，1，31，53，65でした。このとき，mとnの値を求めなさい。

29 早すぎる過去問着手は要注意！

過去問を始める時期は、非常に重要です。

お子さんの仕上がり具合にもよるため、一概に「○ヶ月前から」とは言えませんが、小学校と塾に通いながら過去問に取り組む時間を捻出するのはかなり大変なので、**入試の3ヶ月前には志望校の過去問で、ある程度点数が見込める程度に「仕上がりつつある」（P．212参照）のが理想的**です。

第一志望の入試が1月中旬であれば10月くらい、2月上旬であれば、11月くらいになりますが、実はそのような状態のお子さんは半分もいません。

過去問は志望校対策や本番を想定するなど非常に大切なツールですが、中でも**「本番にピークをもってくる」ために使うことを常に念頭におく**必要があります。過去問を始めると、お子さんも「いよいよ本番が近い」と気持ちが高まってくるものです。しかし、その気持ちはそれほど続きません。

◎過去問のスタートは早ければいいというわけではない

困ってしまうのは、6年生の夏頃から第一志望の過去問を新しい年から順番に解かせる方針の塾や先生です。

志望校のレベルや出題傾向をざっくり把握するために、試しに解いてみるという使い方ならまだわかりますが、夏の時点では、塾はカリキュラムを一通り終えただけで、志望校対策はまだ始まっていません。このような状況下で過去問の点数が取れるわけはありません。特に**第一志望は厳しいのが普通であり、夏の時点で2~3割取れていれば御の字**です。

しかし、この時期に過去問を解かされ、思ったような点が取れず落ち込んでしまう子がたくさんいます。過去問のスタートは、早ければいいというわけではありません。

私が過去問のGOを出すタイミングは、志望校の過去問で受験者平均ぐらいは取れるまで力がついたと判断できた時です。

基礎力の徹底はもちろん、志望校の頻出分野対策をしていない状態で過去問を解かせることはまずありません。頻出分野対策は秋から始めるので、私の教え子が過去問を解く許可をもらえるのは前述のように2~3ヶ月前となります。

K君のお母様から「算数の過去問が全然点数が取れないいんです」という相談を受けたのは9月。

「今の時期に取れないのは当たり前なんだけど……」と思って臨んだカウンセリングで驚愕しました。

塾からの指示で、第一志望の過去問を赤本一冊すべて解き終わってしまっていたのです。しかも、その後も毎週第二志望、第三志望を順に一年ずつ解いて提出というスケジュールが組まれており、それに沿って過去問を提出しないと怒られる、とのことでした。

当然点数はボロボロで、合格最低点に遠く及びません。算数は、志望校で毎年出題される「速さ」と「立体切断」の大問をどの年も丸ごと落としており、必ず正解させねばならない大問1の小問群もポロポロと落としています。

そこで、まずは『四科のまとめ　算数』（四谷大塚）を使って小問を固め直し、速さ、立体切断を徹底的に練習するよう指示しました。これをせずして点数が取れるはずがありません。そして、その後に過去問に戻るよう、指示しました。「もうすべて過去問はやってしまったのですが……」と不安がるお母様に、「8月に解いた過去問の内容など12月には忘れていますので、何も解いていない状態だと思って、これから過去問スケジュールを組み立て直しましょう」とお話ししました。

塾には、お父様から「うちの子はまだ過去問を解ける状態じゃないので、塾のスケジュールではなく、我が家のやり方でやります」と強く言ってもらいました。

その後、K君はきちんと志望校対策をし、無事に第一志望に合格しました。

◎〝仕上がり〟が早すぎるのも困りもの

逆に、S君は、9月の時点で第一志望、第二志望共に余裕で8割以上取れていました。

この時期にこれだけ取れるというのも問題です。

なぜなら、S君もお母様も「もうこれ以上勉強しなくても大丈夫」とタカをくくり、勉強しなくなってしまったからです。周囲の受験生が目の色を変えて勉強している中、ディズニーランドに行ったり宿題をないがしろにしたりといった生活が続き、当然のごとく成績が急降下していきました。

何度も言いますが、**大切なのは「本番にピークを持ってくる」こと**であり、仕上がった状態は長続きしないので、早すぎる仕上がりもまた困りものなのです。

このような場合は、手をつけていない過去問を数年分残して一旦ストップ。塾の特訓授業や平常授業の宿題に専念し、入試の1～2ヶ月前に再開しましょう。

30 過去問1回分は直前まで取っておく

学校によって「時間配分・問題の取捨選択」などの攻め方は異なりますが、子どもは直近に解いた学校の攻め方しか覚えていません。よって、全く手をつけていない過去問1回分（1年分）は本番の2〜3週間前頃まで取っておきましょう。

最後のこの1回分の過去問を解く前は、時間配分などを確認し、間近に迫った本番を意識して〝初見の状態〟で解きます。

一度解いた過去問を子どもが初心に返って解くのは至難の業。「この問題は捨て問だった」「この選択肢の答えは①だった」など、器用に点数を取ってしまうのを防ぐためでもあります。

取っておく1回分は、直近の過去3年の中から、お子さんが点が取りやすそうなものをあらかじめ選んでおきます。

例えば、2025年度の入試であれば、2022年から2024年の3年間の過去問をチェックして、お子さんが得意としている内容があるなど、点の取りやすそうな年度を調べ、その年の過去問には手をつけずに残しておきます。

◎ 本番2〜3週間前に予行演習を

本番の2〜3週間前になったら、本番と同じ時間に起き、試験の開始時間に合わせて解きます。

こうすることで、お子さんは試験さながらの心持ちで過去問に取り組むことができ、本番のよい予行演習になります。また、**お子さんが点を取りやすそうな年度を選んでおくことで、「この点数なら大丈夫だね」と自信を持たせることもできます。**

万が一、思うように点数が取れなかった場合は「今日はちょっと調子が悪かったかもね」「肩に力が入って空回りしちゃった？」「時間配分の感覚がなまっていたせいかな」など、学力起因ではなく外的要因のせいだと言ってフォローしてあげて下さい。

ここで親が慌ててしまうと、子どもは不安な気持ちで受験に向かわなければならなくなります。直前の過去問の目的は、当日をイメージすることですから、シミュレーションができたことをよしとして、気持ちを落ち着けましょう。そして、同じ過去問を数日後に再度解かせ、点数を上向きにして自信をつけさせてあげましょう。

31

第二・第三志望の取り組み方

過去問を解く年数や回数には都市伝説のようなものがあり、「20年分解く」「3回以上まわす」という説がまことしやかに流布していたりします。もちろん、入試傾向の変わらない学校は、解く余裕があれば20年分解いても良いですが、難易度、出題数、制限時間が異なる古い過去問を解いても、過去問対策にはなりません。また同じものを何度も繰り返し解かせる先生もいます。何度も同じ問題を解くことで点数はたしかに上がりますが、それは子どもが答えを覚えてしまったからであり、実力が上がったわけではありません。

基本的に第一志望であれば赤本一冊分（5〜8年分）、第二志望なら3〜5年分、第三志望なら3年分が、私が目安としている過去問の回数です。大量の過去問を雑に解き散らかすのではなく、対策をした上で真剣に丁寧に解くことが何より大切です。

◎ 入試問題にはトレンドがある

社会や理科は、時事ネタを入試問題に反映させる学校も多いのですが、実は算数にもトレンドがあります。かつては難関校以上でしか出題されなかったニュートン算が今は中堅校でも出題されたり、男子難関校以上でしか出題されなかった立体切断が今は女子中堅校でも出題されたりします。10年ほど前に流行った「不定方程式」や「三段つるかめ」も、ここ数年ではもはや一般化。このあたりは、入試が終わってすぐに開かれる大手塾の「入試報告会」で詳しく聞くことができます。

◎ 第二志望以下も問題形式に特徴があるなら、しっかり対策

第二志望に関しては、実際に解いてみて、点数が合格最低点を大きく上回っていれば3年分でもかまいません。

第三志望も基本3年分で良いのですが、いずれも**出題傾向が異なり、子どもが思うように点数が取れない場合は前述した年数にとらわれず、慣れるまで解く必要**があります。

例えば「普連土学園（東京都）」。ここの算数は必ず会話形式の問題が出題されますが、今までの算数の模試の感覚でいると「こんなに文字量が多いの？」と子どもは戸惑います。

こういった学校が第二・第三志望にくる場合には、注意が必要です。問題形式に特徴があるかどうかは「頻出分野分析（次の項目でお伝えします）」をすればすぐわかります。

32 家庭でできる、赤本を使った「頻出分野分析」のやり方

過去問対策は、各学校の頻出分野を把握することから始まります。

6年秋から本格的に始まる「志望校別特訓」。ここで塾がしっかりと対策してくれるのは〝灘特訓〟〝SS開成〟〝NN桜蔭〟など学校名のついたいわゆる「冠特訓」です。それ以外の**〝難関校特訓〟といった様々な志望校の子たちが集められたコースでは、個別の志望校に特化した対策は基本的にしてもらえません。**

毎年入試後に大手塾が実施する『入試報告会』でも「今年のトレンド」分析がありますが、扱うのは基本的に最難関校。赤本にもそれなりに頻出分野が掲載されていますが、子どもはそれらを眺めて「ふーん」でおしまいです。**人の手でなされた分析は、腹落ちしないのです。**

そこで私が毎年、6年秋に必ず取り組ませるのが、**子ども自身の手でする算数の「頻出分野分析」**です。というのも、算数（及び理科）は分野・単元特性がはっきりしており、

対策しやすいからです。分析は次の手順でやっていきます。

【1】志望校の最低5年分の入試問題を用意する（第一、第二志望は必須）

志望校の頻出分野を分析するためには、最低でも5年分の入試問題が必要です。この場合は、本物の入試問題より赤本の方が俄然便利です。

【2】問題を分類する（P.145～147参照）

問題を次の12分野に分類していきます。

最難関校は分野横断型、思考型の問題が多いため、分類が難しいタイプも多いですが、そもそも塾が冠特訓で対策してくれます。冠特訓のない難関校以下は以下の①～④計12分野に分類できる場合がほとんどです。

①計算
②基本7分野（数の性質／割合と比／速さ／平面図形／立体図形／場合の数／特殊算）
③明暗3分野（規則性／グラフ／立体切断）
④その他

それぞれの具体的な内容は次の通りです。

「①計算」は、算数はすべてにおいて必要ですが、ここで分類しているのは、大問1で出題される独立した計算を指します。

「②基本7分野」は、受験算数を形作る分野です。

「③明暗3分野」は、学校によってはほぼ毎年大問で出題されるボーナス分野であると同時に、子どもの得意・不得意が分かれる分野でもあります。

「④その他」は①②③のどこにカテゴライズすれば良いかわからない、判断のつかない問題です。

P．145にある分析シートを拡大コピーして、問題を見ながら1問につき「1つ」と数え、各分野の空欄に「正」の字で記入していきます。大問の場合は、枝問をそれぞれ「1つ」と数えます（P．146〜148参照）。

もしお子さんが、問題を見てもほとんど分類ができない場合は、算数の基礎が入っていない状態とも言えます。その場合は、早急に基礎固めに戻る必要があります。

逆に言えば、まだ全分野の学習が終わっていない6年夏前では分析するのが難しいということです。

また、**この分類作業は子どもに「この学校に合格するには、この分野・単元を攻略しな**

いとダメなんだ」という渇望感を持たせるためのものでもあります。ですから、入試がまだ他人事な時期にやらせてもほぼ意味はなく、子どもによっては入試が自分事になった6年生の12月に再度やらせることもあります。

なお、1つの学校で複数回受験がある場合は、実施回によって問題傾向が異なる場合があるため、「A日程／B日程／C日程」、あるいは「第1回／第2回」は別の入試問題として、それぞれ分類するとよいでしょう。

【3】分析する**（P.148参照）**

分野ごとに、正の字の合計を記入し、最も多いものから順位をつけていきます。

分野によって顕著な数字の開きがある学校、まんべんなく数字が散らばっているなど様々なことがわかると思います。

それらを元に、子どもに分析させます。例えば次のような感じです。

・**分析①　ある年度を境に傾向が変わっている**

特定の年度から計算の出題数が減った、など

・**分析②　難度が上がった**

3年前から、問題のレベルが上がったのを感じる、など

・**分析③　各分野の内訳**

計算で必ず〝□の入った計算〟が出る、グラフは〝速さと水量〟がよく出る、など

◎「頻出分野分析」が終わったら「頻出分野対策」へ

この分析をもとにして、P．178でお話しする「頻出分野対策」へとつなげていきます。実は、自分で分析をした後に赤本を見ると、赤本に載っている傾向分析と違っていることも多々あります。

とある学校の赤本に掲載されている頻出分野の分析では、「速さ」の大問を枝問ごとに「割合と比」「単位の換算」などの項目に分類していました。たしかに「速さ」を解く時は比も単位換算も使いますが、受験算数において「速さ」は独立した分野で、細切れにして対策したり解いたりできるものではありません。

そういった観点からも、長年受験算数と向き合っている子ども本人に分類させる方が、よほど活きた情報になります。

P．146から早稲田佐賀（佐賀県）の問題で実際に分類をやってみましょう。

頻出分野分析シート

	計算	基本7分野							明暗3分野			その他
		学校名										
年度	計算	数の性質	割合と比	速さ	平面図形	立体図形	場合の数	特殊算	規則性	グラフ	立体切断	その他
合計												
頻出分野												

特殊算の分類で悩む場合は、以下を参考にしましょう。

割合と比

比を使う文章題、倍数算、商売、食塩水

特殊算

「和と差に関するもの」和差算、分配算※、消去算、差集め算、過不足算、つるかめ算

「割合と比に関するもの」相当算、平均算、年齢算、仕事算、ニュートン算、やりとり算

「規則性に関するもの」植木算、方陣算、日暦算、おまけ算

「その他」不定方程式（いもづる算）、推理と論証

※分配算は「和と差」「割合」のどちらでも出てきます。

2　Aさんと B さんは，「ひとつの円に何本かの直線を引いて，円が何個の図形に分けられるか」という問題を考えています。

(1)　以下の「先生」，「A さん」，「B さん」の会話文を読み［　］に当てはまる数字を答えなさい。
ただし，同じ記号の［　］には同じ数字が入るものとします。

先生：いま，直線は次の 3 つの条件を満たしているとします。

① 直線の両はしは円上にある。
② どの 2 本の直線も平行ではなく，円の内側で交わっている。
③ どの 3 本の直線も 1 点で交わらない。

【図 1】のように直線を 1 本引いてみると円は 2 個の図形に，直線を 2 本引くと円は 4 個の図形に分けられます。
それでは 3 本の直線を引いたとき，円は何個の図形に分けられますか。

【図 1】

A さん：［(ア)］個に分けられます。

先生：そうですね。では，直線の本数を増やしていき 10 本になったらどうなるでしょうか。

B さん：直線が多くて，図がかけません。

先生：図をかくのは難しいですね。そこで実際に直線を 10 本引くのではなく，別の方法で数えることを考えてみましょう。
いま，円に何本か直線が引かれていて，何個かの図形に分けられていたとします。そこに，3つの条件を満たす直線をもう 1 本引いてみます。まず，円上に 1 点をとって，そこから新しい直線を少しずつ引いていきます。すると，この直線はすでにかかれている直線のどれか 1 つにぶつかるはずです。このとき図形の個数はどう変化しますか。

B さん：直線を引く前の図形の個数から［(イ)］個増えるはずです。

先生：そうです。この性質がポイントです。

A さん：そうか。新しく直線を引いていくと，前にかかれた直線にぶつかる。そのたびに図形の個数が［(イ)］個ずつ増えていく。これを円上の点にたどり着くまで行うのですね。

B さん：それなら，円にかき入れた直線の本数と分けられた図形の個数を表にすれば，図形の個数を順番にうめていけるね。えーと，10 本の直線で円は［(ウ)］個の図形に分けられることがわかりました。

直線の本数	1	2	3	…	10
図形の個数	2	4	(ア)	…	(ウ)

先生：正解です。よくできましたね。それでは，次の問題はどうでしょうか。

問題
12 本の直線で円が何個かの図形に分けられています。この 12 本の直線には 3 本だけ平行な直線が含まれています。直線は，平行でないどの 2 本も円の内側で交わり，どの 3 本も 1 点で交わることはありません。
このとき，円は何個の図形に分けられているでしょうか。

(2)　上の問題を解きなさい。なお，この問題は，解答までの考え方を示す式や文章，表などを書いて答えなさい。

規則性 4 問

3　18:00 開演予定であるコンサートの会場前に，観客が並んで入場を待っています。この会場に来るためには，3 分おきに会場に到着するシャトルバスに乗る必要があり，このバスは 1 回につき 90 人の観客を運んで来ます。
あるシャトルバスが 17:00 ちょうどに会場に到着しました。この直後に 4 つの改札ゲートを開け入場を開始しましたが，シャトルバスで運ばれてくる観客が列に加わるので 30 分たっても 17:00 前に並んでいた人数の $\frac{2}{3}$ の人数がまだ並んでいます。そこで，新たに 3 つの改札ゲートを開けたところ，並んでいる人は 15 分でいなくなりました。
このとき，次の問いに答えなさい。

(1)　1 つの改札ゲートは 1 分間に何人を通すことができるでしょうか。

(2)　17:00 前までに並んでいた人は何人だったでしょうか。

(3)　17:30 までに並んでいる人がいなくなるためには，初めから最低いくつの改札ゲートを開けておけばよいでしょうか。

特殊算 3 問

4　下の図のように，平行四辺形 ABCD があります。辺 AD を三等分する点を頂点 A に近い方から順に E，F とし，対角線 BD と直線 CE，CF との交点をそれぞれ G，H とします。
このとき，次の問いに答えなさい。

(1)　GH と HD の長さの比を求めなさい。

(2)　三角形 CGH と三角形 HDF の面積の比を求めなさい。

(3)　四角形 ABGE と四角形 EGHF の面積の比を求めなさい。

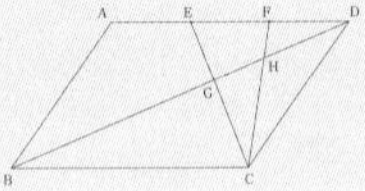

平面図形 3 問

— 8 —

5　下の図のような，AB = 8 cm，BF = BC = 6 cm の直方体があります。この直方体の辺 BF 上に BP = 2 cm となる点 P と辺 DH 上に DQ = QH となる点 Q をとります。
このとき，次の問いに答えなさい。

(1)　この直方体の体積を求めなさい。

立体図形
1 問

(2)　この直方体を 3 点 C，P，Q を通る平面で切ったとき，点 A を含む方の立体の体積を求めなさい。

(3)　(2)の立体をさらに平面 ACGE で切ったとき，点 B を含む方の立体の体積を求めなさい。

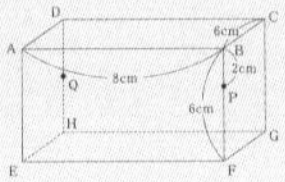

立体切断
2 問

早稲田佐賀中学は学校HPに、過去問を掲載しています。
2023年度の算数を例に、問題を分類したら、P.145の表をコピーして書き込んでみましょう。

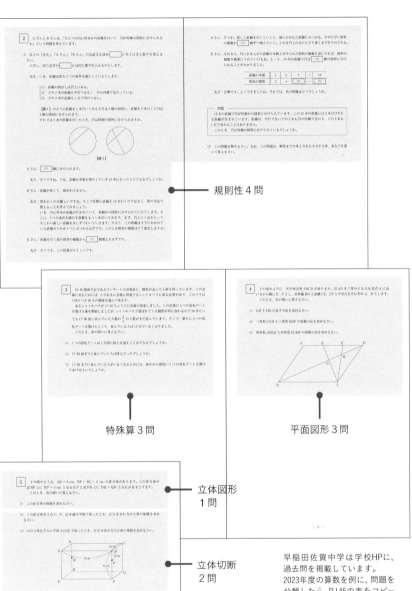

2023年度早稲田佐賀中学の問題分析

1 以下の［　　］に当てはまる数字または番号を答えなさい。

(1) $2\times\left(\frac{1}{2}-\frac{1}{3}\right)+3\times\left(\frac{1}{2}+\frac{1}{3}-\frac{1}{4}\right)+4\times\left(\frac{2}{3}+\frac{1}{4}\right)+5\times\frac{1}{4}=$［　　］

(2) $6\frac{12}{25}\div\left(\square-\frac{1}{5}\right)\times\frac{5}{9}=6$

計算２問

(3) 4% の食塩水 300 g に 6% の食塩水 100 g を混ぜ，水を［　　］g 蒸発させると 8% の食塩水ができます。

割合と比１問

(4) 右のような道があります。点 A を出発して，点 P を通らずに点 B まで最短で行く道順は，［　　］通りあります。

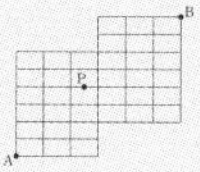

場合の数１問

(5) 次のデータは，6 人の生徒が受けた試験の結果です。

75，82，77，70，83，78　（単位は点）

このデータのうち 1 個が誤りであることが分かりました。正しい値に基づく平均値は 76.5 点，中央値は 77 点です。上記 6 個のデータのうち，誤っている値は［（ア）］点で，正しい値は［（イ）］点になります。

その他２問

― 1 ―

(6) 右の図において，○と○，●と●はそれぞれ等しい角度とします。
㋐の角度は［　　］°です。

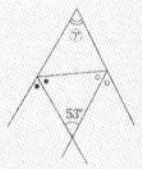

平面図形
１問

(7) 1 から 15 までの数字が書かれた 15 枚のカードが，番号の小さい順に左から並んでいます。これらのカードを次の規則（※）に従って入れかえを行います。

（※）1 回の操作では，となりあった 2 枚のカードのみ左右を入れかえることができる。

このとき，

(ア) [15]，[2]，[3]，…，[14]，[1] となるように 1 と 15 の番号のカードだけを入れかえるとき，この操作は最低［　　］回行う必要があります。

(イ) 左から大きい順に [15]，[14]，…，[2]，[1] と並びかえるためには，この操作を最低［　　］回行う必要があります。

規則性
２問

(8) A，B，C，D，E，F の 6 人がサッカー観戦に行くため，9:00 ちょうどに駅に集まることにしました。当日，D は待ち合わせの時刻より 4 分前に駅に到着し，F は D より 2 分遅れて駅に到着しました。E は待ち合わせの時刻より 3 分遅刻して到着しましたが，このとき，まだ 2 人が駅に到着していませんでした。A と C は 5 分差で到着し，最後に駅に到着した人の時刻は 9:05 でした。同じ時刻に駅に到着した人はいませんでした。
このとき，次の①から⑤で確実に言えるのは，［　　］です（番号で答えなさい）。

① A は 9:00 前に駅に到着した。
② B が駅に到着したのは 9:05 であった。
③ A が 3 番目に到着したならば，最後に到着したのは C である。
④ A が 9:00 前に到着したならば，最後に到着したのは B である。
⑤ C は最後から 2 番目に到着していない。

その他
１問

― 2 ―

(9) 右の図の斜線部分の面積は［　　］cm^2 です。

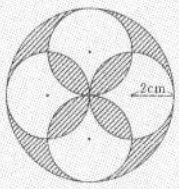

(10) A さんは 1 辺が 10 m の正三角形の形をした花だんを作ろうと考えました。この計画を聞いた B さんは，この花だんに桜の木を植え，近くで見ることができるように道を通すことを提案しました。そこで 2 人は，正三角形の花だんの点 P に桜の木を植え，3 つの道（［　　］の部分）が下の図のように交わるようにしました。道の幅は花だんの辺に沿って測ると 1 m になるように一定にしました。道を通すことで花だんの面積は，最初の計画より［　　］% 減少することになります。

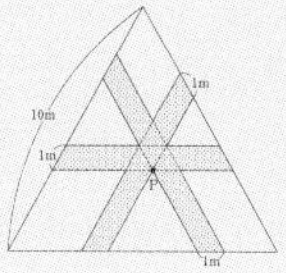

平面図形２問

(11) 右の図のような平行四辺形 ABCD を直線 ℓ を軸として 1 回転してできる立体の体積は［　　］cm^3 です。

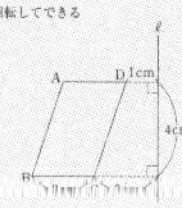

立体図形１問

― 3 ―

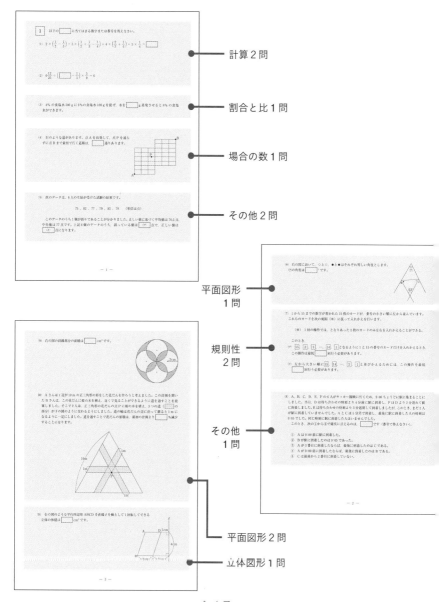

早稲田佐賀の分析シート

学校名　早稲田佐賀

年度	計算	数の性質	割合と比	速さ	平面図形	立体図形	場合の数	特殊算	規則性	グラフ	立体切断	その他
2023	T		一		正一	T	一	下	正一		T	下
2022	T	一	下	下	正	𤴓		下				𤴓
2021	下	T	一	下	正	𤴓	一	下				下
2020	下	T	一	一	正一	正		一		下		下
2019	𤴓	一	T	一	正	𤴓	一	一				正一
合計	14	6	8	8	○32	○19	△3	11	6	△3	△2	○19
頻出分野					1	2						2

2023年度の問題(P.146〜147)と同様
2019年〜2022年の問題も分類して
シートに書き込んだもの。
平面図形と立体図形が
頻出分野であることがわかる。

場合の数、グラフ、立体切断は
あまり出ないため、
それほど力を入れる必要が
ないことがわかる。

column 3 大規模校・小規模校

学校の教育手法や子どもの社会性形成と密接に関わってくるのが、「大規模校か小規模校か」です。

中学校の平均的な1学年の人数は150人ほど。一般的には300人以上（11クラス以上）であれば「大規模校」、100人以下（3クラス以下）であれば、わりと小規模なイメージになるのではないでしょうか？　それぞれ、メリットやデメリットがありますので、見ていきましょう。

◎大規模校

大規模校のメリットは、色々な人に知り合えるという点です。クラス替えによって様々なコミュニティーや個性、多様な考え方の中に身を置くことになり、社会性や協調性が学べます。部活動の種類も豊富で、学校行事は大規模で活気があり、壮観です。生徒の人数に応じてたくさんの教職員も必要になるので、バランスの取れた指導が可能になります。

ただ、先生の目が行き届きにくい分、特別に成績のいい子や注意の必要な子でなければ埋もれてしまいがちになり、その中で生きていくためには「たくましさ」が必要です。

また、教員の数自体が多いため、先生の朝礼が職員室ではなく体育館で行われるというケースも。先生同士が生徒の情報を交換することが難しく、「学校に連絡したことが共有されていない」

という事態が起こりやすくなります。

◎小規模校

小規模校のメリットは、先生の目が行き届きやすく、きめ細かな指導をしてもらえるという点です。一人ひとりが認知してもらえることから個性を伸ばし、自分の居場所を見つけやすくなります。人数が少ないため、他学年との交流も盛んになります。

WHO（世界保健機関）は「学校の規模が小さいほど教育効果が高い」という研究報告を受け、生徒が100人を上回らない規模が望ましい（中学ならば1学年33人以下）と発表しています。

ただ、クラス替えをしてもあまり出入りがないため、一度持たれた印象を覆すことが難しくなります。中1のふとしたことでつけられたあだ名が卒業するまで続く、ということも。

多様な考え方に触れる機会が持ちづらく、人数が少ないために学校行事や部活動の種類にも制約が出てきます。また、中学入試での募集が少ない学校は附属の小学校からの内部進学者が多く、ここで文化・価値観の衝突（金銭感覚や学力など）が起きやすくなります。

また、これは大規模校、小規模校に限ったことではありませんが、「高校進学の時に1割以上が抜ける」学校は要注意です。中高一貫教育を求めて中学受験をしたのに、高校進学時に出ていくということは「学校に不満があるから」か「やめさせられるから」です。原因は「校風が合わない」「いじめ」「学業不振」など様々かと思いますが、本気で生徒を育てようという気概がある学校は、それらを解決しようと努力しています。恒常的に1割以上が高校から抜けるというのは、その学校の方向性としか言いようがありません。

子どもの個性によってどの規模の学校が向いているかの見極めも大切です。

第4章

大逆転に直結する過去問の取り組み法

最大の逆転要因は「過去問との相性」

模試で偏差値50のお子さんが、同じ偏差値帯の学校すべての過去問で同じような点数が取れるかと言えば、そうではありません。なぜ点数を取れる学校と取れない学校があるのか——その理由は「相性」です。

合否の鍵を握るのは、塾のクラスでも模試の偏差値でもなく、「過去問との相性」です。ただし、〝立体図形が苦手なのに毎年出題されるから点数が取れない〟——これは相性が悪いとは言いません。毎年出題されるならば、立体図形に強くなるための勉強が必要です。このような**「勉強不足」以外の要件で左右されるものが相性**です。

本書では、その相性を客観的に測るため、算数の処理速度、国語の読解文章量、記述量などがわかる、3種の過去問マトリクス（算数1種／国語2種）を巻末（P．261〜285）に用意しました。本章ではその使い方などを解説しています。

偏差値は届いているのに過去問が取れない、など「持ち偏差値」と「過去問の点数」に乖離がある場合は、ぜひこのマトリクスを参考になさって下さい。

◎過去問を使ってすべき志望校対策とは

過去問を使ってすべき対策は次の３つです。

①出題傾向を知る
②対策を立てる
③本番を想定して練習する

これは入試に限らず、オリンピック選手やプロ野球等のコーチもしていることです。これを中学受験にあてはめると、親や塾の先生、家庭教師などがコーチに該当します。

①のやり方については前章でもお話ししましたので、この章では①を踏まえた上で②について、さらに点数としてアウトプットするために最重要である③について、お家の方がコーチとなって取り組んで頂くための方法を、実践的に、細かくご説明していきます。

過去問は「大逆転を可能にする最大のツール」です。

ぜひ１２０％活用して、お子さんが悔いなく学力を発揮できる素地を作ってあげて下さい。

33

「算数処理力マトリクス」で過去問相性分析〜解くスピード

実は、**「テスト」において大きな鍵を握るのが「処理能力」**です。

処理能力を軸に人を分類すると「処理能力が高い（スピードが速い）」「処理能力は中程度」「処理能力が低い（スピードが遅い）」となります。

◎ 処理能力と入試問題のミスマッチ

Jちゃんは「処理能力が低い」タイプでしたが、第一志望は「女子学院」。制限時間が短いにもかかわらずそれなりに問題数がある典型的な「処理型」タイプの学校です。そのため、過去問を解いても制限時間内に半分強しか解けません。しかし、時間内に解けなかった問題に、再度チャレンジしてみると、時間をかければほぼ正解できます。

これは子どもの処理能力と入試で必要な処理能力の不一致です。時間をかければ解けても、入試には制限時間があります。

ここで取るべき手は2つとなります。すなわち**「処理能力を上げる」か「むやみにスピードを上げず、解いた問題の正答率を上げる」か**です。

思考スピードは人によって異なります。これは良い悪いではなく、その人が最大パフォーマンスを発揮できるスピードがどこにあるか、という話です。

知り合いの東大名誉教授のA先生は、「熟考型」です。大人数で話をしていても、丁々発止で議論が進んで行く中、タイムラグがあって「先ほどの話ですがね……」と切り出されます。ずっとご自身の中でひっかかる点を咀嚼し、納得のいく解を探しているのです。

一方、B先生はポンポンと言葉が出てくるタイプ。どんどん新たなネタを提供し、場を盛り上げていらっしゃいました。

私は典型的な「処理型」ですが、夫は「熟考型」です。

一緒に入試問題を解くと、私は全部埋めているがミスもあり80点、夫は全体の8割までしか到達していないが（2割は未着手）80点、ということがあります。つまり、処理能力と正答率は関係ありません。

◎ 1問あたりにかけられる時間を知る

入試問題は学校によって、制限時間も問題数も異なります。そこで、学校によって1問あたりにかけられる時間が異なる点を知って頂くべく、作成したのが「算数　処理力マトリクス」（P.262〜269）です。

「算数　処理力マトリクス」では、

縦軸：偏差値
横軸：1問あたりにかけられる時間

として、各学校をプロットしました。

ただし、1問あたりにかけられる時間が同じとはいえ、「桜蔭」と「慶應中等部」では問題の難度が全く異なります。「渋谷学園幕張」は「浅野（神奈川県）」の2倍も時間をかけて考えられるからラッキー、という単純な話ではありません。

算数は基本的に偏差値が高くなるほど典型題が減って思考題が増える「思考型」、つまり難度が高くなるため、「偏差値が高いけれど1問あたりにかけられる時間が短い」学校には要注意、ということになります。

入試問題は一般的に、前半の小問や大問中の枝問前半〔大問5の（1）（2）など〕は比較的短時間で、大問中の枝問後半〔大問5の（3）（4）など〕は時間がかかる、という構成になっています。

このマトリクスの所要時間はそれらすべてを平均していますので、**簡単な問題はより短時間で解き、解く時間を貯金していけるようになるのが理想**です。

◎処理能力の相性は大きな鍵

このマトリクスは算数で作っていますが、**処理能力を求めるか否かは学校によって傾向があるので、他科目もほぼ同様ととらえることができます**（もちろん、学校によって、また年度によっても異なります）。これは模試では見えてこない部分です。

繰り返しになりますが、処理能力の高低は、良い悪いではありません。熟考型の子に処理型の学校対策をするのは、効果があれば良いですが、効果が上がらないということもあり得ます。

第一志望や第二志望に関し、偏差値ではある程度現実が見えているご家庭も多いと思いますが、**処理型か否かも「大きな鍵」になる**ことをぜひ知っておいて頂きたいと思います。

34 「国語　読解文章量マトリクス」で過去問相性分析～読むスピード

過去問でとても多い相談の一つに、「国語が時間内に終わらない」というものがあります。実は、**算数以上にスピードが鍵を握るのが国語**です。

P．270～277に載せたのは、縦軸に偏差値、横軸に国語の読解の文章の文字数をプロットしたマトリクスです。**受験国語の本文の文字数は、平均して約6000字**。中には「聖光学院」や「浦和明の星（埼玉県）」のように14000字を超える学校もあります。

多くの学校が「物語文1題／説明文1題」の組み合わせとなりますが、中にはもちろん「物語文（説明文／随筆文）1題」のみという学校もあります。1題で10000字近くなると、もはや短編小説1本分ですね（芥川龍之介の「羅生門」は約6000字）。

さらにここに設問の文字数が加わると文章総字数は約8000字となり、制限時間内で「考えて解く／解答用紙に書く」手間が加わるため、入試では基本的に本文を読み返している時間がありません。

よって**中学入試では、最終的に「40分で10000文字を読む」ことに慣れることを目標にする**必要があります。これは凄まじいスピードです。

塾の模試（6年生）の文字量は、だいたい5000～6000字です。しかし、そのスピードで解いていると、学校によっては全く歯が立たなくなります。

◎スピードという観点では読書習慣も大事

よく「読書をしないから国語の点数が取れないのでしょうか？」というご相談を頂きますが、基本的に関係ありません。**国語の問題を解くのに必要なのは「読解技術」です。**

しかし、長文を読み慣れていることに加え、様々な背景知識を持っているという点では、やはり読書習慣のある子が俄然強くなります。

塾の先生によっては「問題文を読まずに、設問を読んで必要なところだけ本文に戻る」という指導をされることもありますが、それは本当に困った時の最終手段。全文読まねば解けない出題もあります。

入試に限ったことではありませんが、読書習慣はつけておくに越したことはありません。

35 「国語　記述量マトリクス」で過去問相性分析～記述問題の量

国語の入試問題は、

・**知識問題**（漢字や熟語など）
・**客観問題**（選択肢から選ぶ）
・**抜き出し**（10文字で抜き出せ、など）
・**記述**

の4つに大きく分類されます。

この中で、**子どもの得手不得手が最も大きく分かれるのが「記述」**です。

国語の記述量マトリクス（P．278～285）は、同じ偏差値でも記述量が全く異なるという点を知って頂くために作りました。

縦軸を偏差値、横軸を記述量にして、各学校をプロットしています。

なお、ここでいう「記述量」とは、以下の基準に沿って作成しています。

- 解答例の記述問題の文字数を数える（大型記述の場合は字数制限をカウント／箱型記述は解答例を参考）
- 「30文字で抜き出せ」などの〝抜き出し〟はカウントしない

◎記述が苦手な子はどうすればいい？

Rちゃんは国語の記述が苦手でしたが、第三志望のみ記述が多い学校でした。ここで記術対策に専念してしまっては、第一、第二志望や他科目の対策が手薄になります。そこで「第三志望を算・理・社で稼ぐか、国語の負担のない学校に変更するか」と聞いたところ「算・理・社で稼ぐ」とのことだったので、算、理、社の底上げをし、すべて合格することができました。

ただし、**普段の模試で記述が取れず、本人が「記述が苦手」と思っていても、実際に過去問を解いてみると思いのほか解ける、ということもあります。**

ずっと温めてきた志望校に関しては、必ず過去問を解かせ、対策をすることが前提です。対策することにより、めきめきと点数が取れるようになることも多々あります。

◎記述の採点はどうするか

国語の記述採点を親がするのは至難の業です。しかも、部分点で点数を積み上げていくため、どこが何点に相当するか等はプロでなければ見当がつきません。

そのため、塾に解いた過去問を提出することになるのですが、塾や先生によっては過去問を提出してから2週間、あるいは1ヶ月後に採点答案が返ってくることもあり、その頃には子どももすっかり内容を忘れています。

そこで塾に過去問を提出する前に、まずは**赤本の解答例を全文書き写し、自分の書いた答案と照らし合わせ、同じ部分、異なる部分の確認は最低限しておきましょう。**

また、「小学校で習った漢字は漢字で書かないと×」など、採点基準に特徴がある学校もあります。そのあたりは塾の先生、あるいは学校説明会で必ず聞いておきましょう。

昨今は公立中高一貫校以外でも、適性検査型入試が適用される学校が増えてきました。その場合に作文を課されることがありますが、学校によって原稿用紙の使い方の指示が異なります。どれほど素晴らしい内容を書いても、「最初は一マス空ける（あるいは詰めて書く）」などの指示が守れていないと容赦なく減点されます。**記述は「指示通りに書く」と**

いう点にも注意しましょう。

2020年度の大学入試改革以降の大学入試を見据え、国語も記述量の増加が顕著です。このマトリクスは主に2023年度入試を元に作成していますが、2024年度も傾向の変わった学校がたくさんあります。

志望校の出題形式に変更があるかどうか不安な場合は前述の方法で最新の入試問題の記述量をカウントしてみて下さい。

◎マトリクス使用時の注意点

繰り返し言いますが、一番大切なのは「志望校の問題で点数を取ること」です。偏差値が足りなくても、模試の判定が悪くても、過去問で点数が取れれば合格できます。

逆に、偏差値が足りていても、模試の判定が良くても、問題との相性が悪く、過去問で点数が取れなければ合格は厳しくなります。

本書では過去問との相性が見られる3種類のマトリクスを作成し、紹介してきましたが、このマトリクスを、**はなから挑戦から降りるために使うのではなく、どの程度対策が必要なのかを知り、時間を有効に使うために使って頂ければと思います。**

36 「解答用紙」は学校からのメッセージ

入試問題の傾向を分析した各種マトリクスで、同じ偏差値帯の学校でも、かなり求められる能力が違うことがおわかり頂けたでしょうか。

よく**「入試問題は学校が欲しい生徒像を表している」**と言われます。幅広い知識を持っている生徒が欲しいのか、じっくり深く物事を考える生徒が欲しいのか、言われたことに忠実に従う生徒が欲しいのか――。入試問題からこれらを詳細に判断するのはプロでない限り難しいと思います。

しかし、「解答用紙」から学校のメッセージを読み取ることができます。算数の解答用紙を例にとり見てみましょう。

算数の解答方法は、

①解答のみ（解答用紙独立型）
②一部記述あり（解答用紙独立型）

③記述あり（解答用紙独立型）
④記述あり（問題と解答用紙一体型）
の4つに大きく分けられます。

◎解答用紙のタイプを検証しよう

実際の算数の過去問の解答用紙を見比べてみましょう（P.166〜も参照）。

①解答のみ（解答用紙独立型）

「芝（東京都）」の解答用紙は解答しか書くことができません。

このように解答のみを求める学校は、塾の公開模試や復習テストと形式が良く似ており、子どもに一番馴染みのあるタイプです。

極論を言えば、あてずっぽうの答えを書いても◯になる可能性がある、ということであり、塾の先生が半ば本気で言う「答えがわからなかったら、その年の年号を書け（2025年度入試ならば2025）」が通用することもある学校です。

一方、後述する「考え方をとことん書かせる学校」とは異なり、部分点が狙えないため、確実な答えを出す必要があります。

「芝」(解答のみ／左上)と「世田谷学園」(一部記述あり／右下)の解答用紙

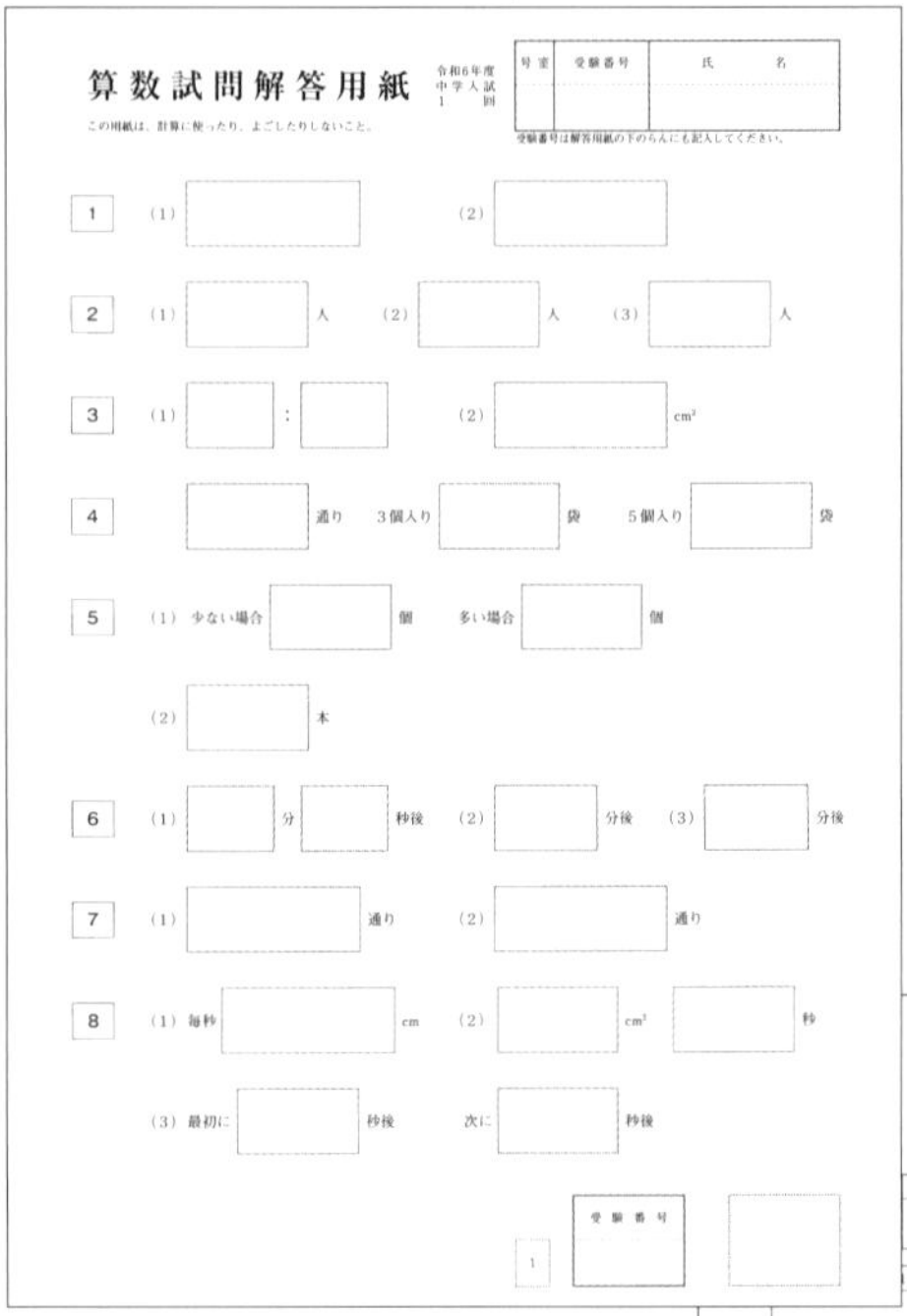

算数試問解答用紙 令和6年度 中学入試 1回

号室 受験番号 氏名

この用紙は、計算に使ったり、よごしたりしないこと。

受験番号は解答用紙の下のらんにも記入してください。

1 (1) (2)

2 (1) 人 (2) 人 (3) 人

3 (1) ： (2) cm²

4 通り 3個入り 袋 5個入り 袋

5 (1) 少ない場合 個 多い場合 個

(2) 本

6 (1) 分 秒後 (2) 分後 (3) 分後

7 (1) 通り (2) 通り

8 (1) 毎秒 cm (2) cm² 秒

(3) 最初に 秒後 次に 秒後

1 受験番号

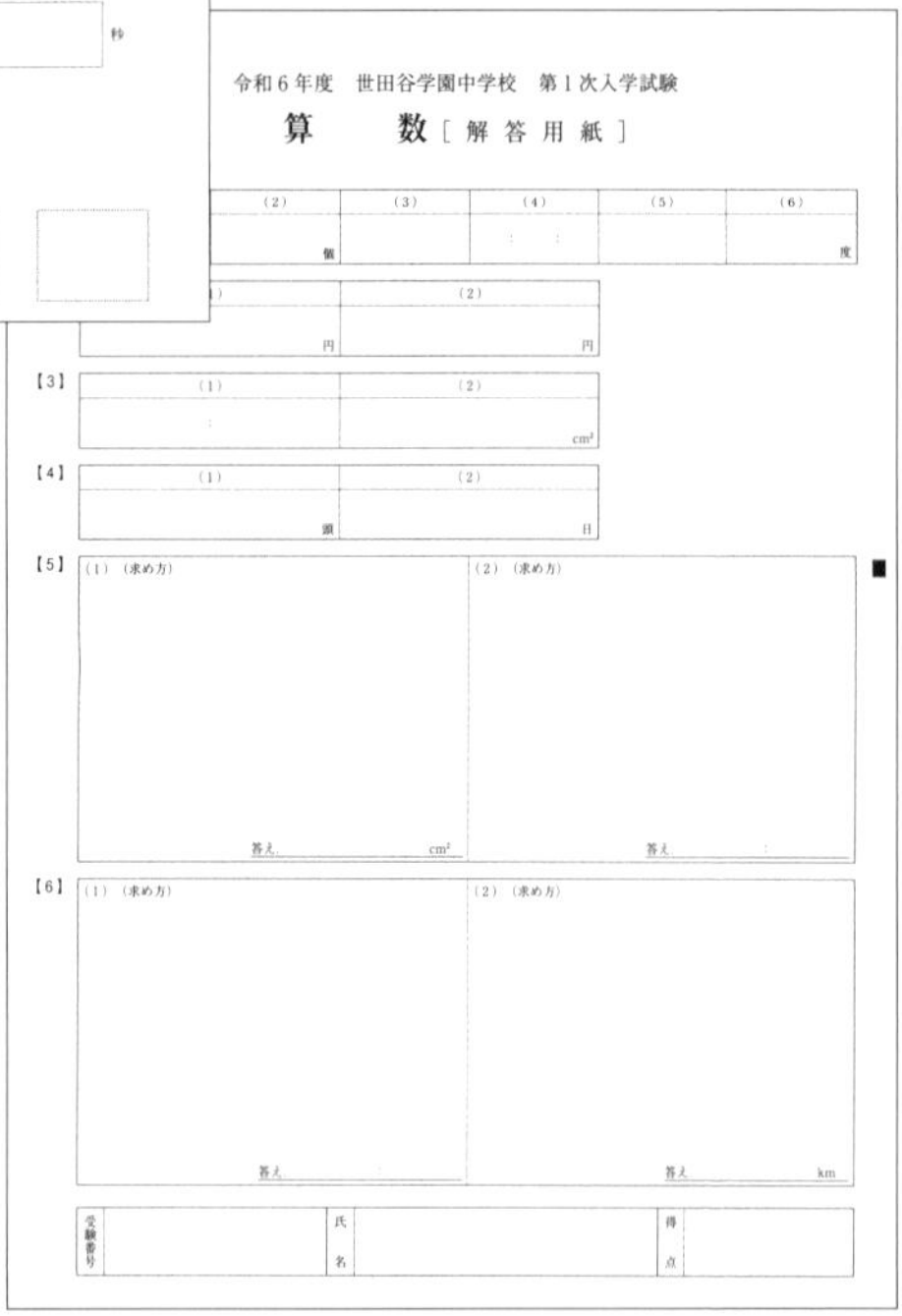

令和6年度 世田谷学園中学校 第1次入学試験

算 数［解答用紙］

(2) 個 (3) (4) ： ： (5) (6) 度

(2) 円 円

【3】(1) (2) cm²

【4】(1) 頭 (2) 日

【5】(1)（求め方） 答え cm² (2)（求め方） 答え ：

【6】(1)（求め方） 答え (2)（求め方） 答え km

受験番号 氏名 得点

芝(2024)と世田谷学園(2024)の入学試験、算数の解答用紙。いずれもB4の縦型

②一部記述あり（解答用紙独立型）

「世田谷学園」の解答欄は中堅校から難関校に多く見られます。前半は答えのみ、後半は式や考え方も書かせるという構成です。**後半の式や考え方を書かせるスペースがそれほど広くないため、限られた解答欄内で必要な式を書く練習が必要**となります。

大学入試改革の影響で、この形式で出題する学校が年々増えてきています。

③記述あり（解答用紙独立型）

「大妻（東京都）」はすべての問題、「巣鴨」はほとんどの問題の式を書かせます（P.168、P.172参照）。しかし、「武蔵」や「鷗友学園」ほど広々としたスペースではなく、**どの問題も一様に狭いスペースに書かねばならず、子どもにとって難度の高い解答用紙**と言えます。

普段のテストのように答えを書くだけならば点数が取れますが、制限時間内にこのスペースに式を数本にまとめて書くとなると、制限時間内に半分も解けない、あるいは点数にならない無関係な式を1、2本書いて終わってしまう、ということになりがちです。

「大妻」の解答用紙

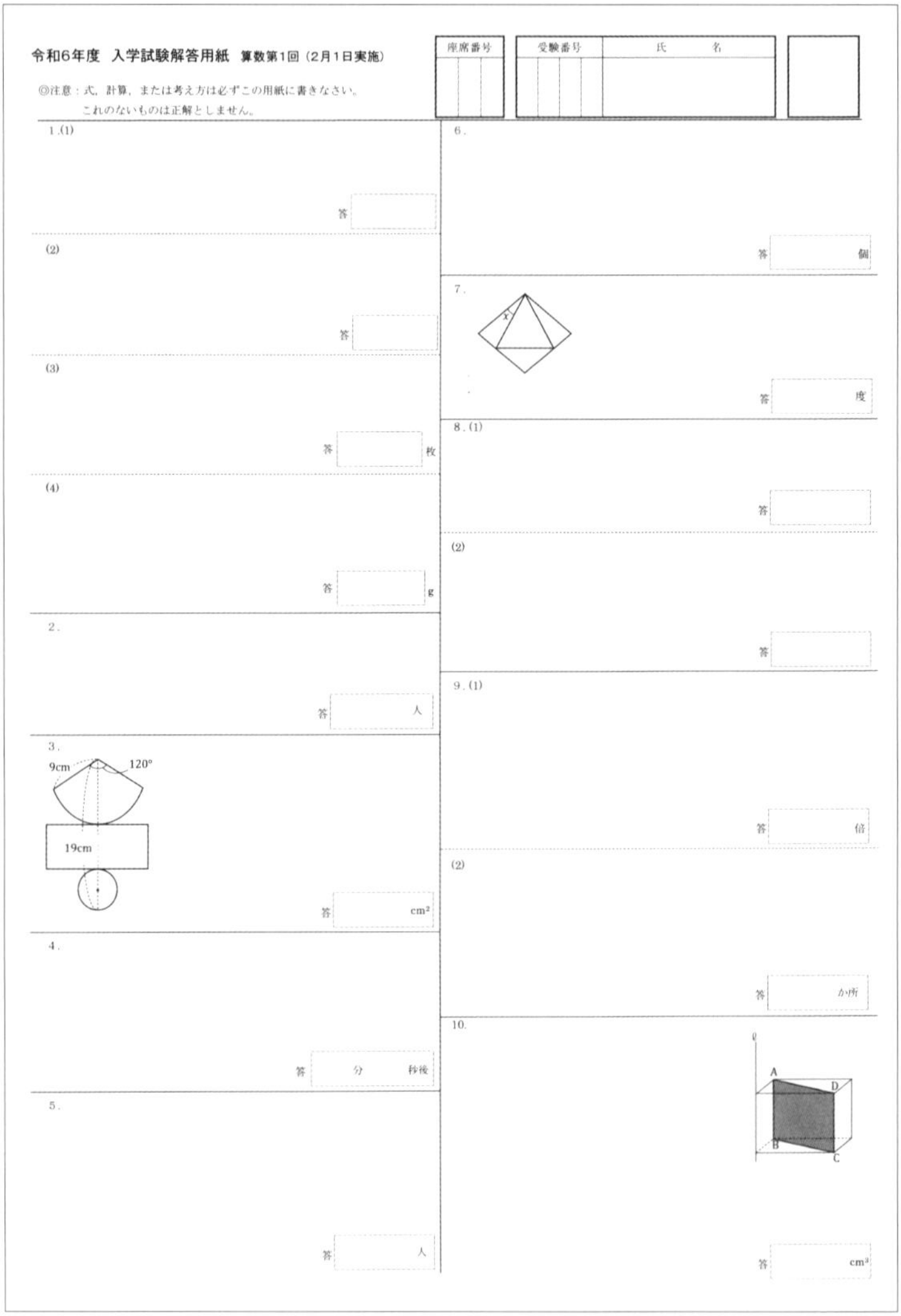

令和6年度　入学試験解答用紙　算数第1回（2月1日実施）

座席番号　受験番号　氏　名

◎注意：式，計算，または考え方は必ずこの用紙に書きなさい。
これのないものは正解としません。

1.(1)　答

(2)　答

(3)　答　枚

(4)　答　g

2.　答　人

3.　9cm　120°　19cm　答　cm²

4.　答　分　秒後

5.　答　人

6.　答　個

7.　x　答　度

8.(1)　答

(2)　答

9.(1)　答　倍

(2)　答　か所

10.　ℓ　A　D　B　C　答　cm³

大妻の2024年度の算数の解答用紙。A3の縦型。
計算問題や小問を含め、式や考え方などを書かねばならない

④記述あり（問題と解答用紙一体型）

思考力重視校の多くは、解答用紙が問題と一緒になっており、「思考プロセス」と「記述力」を測ります。

塾のテストでは解答用紙に答えしか書かなくても良いからと、問題用紙に適当に書きなぐって解いているタイプの子（受験生の半数以上）が最も嫌がる形式です。

例えば「武蔵」や「鷗友学園」は大学入試の解答用紙かと見まがうような、非常に広いスペースを解答のためにとってあります（P．170参照）。

問題と一体型の解答用紙には「式や考え方も書きなさい（武蔵）」「各問題の四角い枠には、問題を解くにあたって必要な式、図（線分図、面積図）、考え方、筆算などを書き、答えは解答欄に書きなさい（鷗友）」との指示があります。

②③④の記述問題に関しては、答えが間違っていても部分点がもらえる学校が多いため、逆にチャンスとも言えます。ただし、それは採点官に伝わった上でという条件つき。

そのための具体的な方法は次の項目からお話しします。

「武蔵」の解答用紙

算数　その1（4枚のうち）

24	受験番号
中	

用紙のウラ面には何も書かないこと

1　次の□にあてはまる数を書き入れなさい。

(1) 1以上176以下の整数のうち，176との最大公約数が1である整数は□個あります。

(2) 3台のポンプA，B，Cがあります．ある水そうの水を全部くみ出すのに，AとBを使うと3時間40分，BとCを使うと3時間18分，CとAを使うと3時間かかります．

(ア) A，B，Cをすべて使うと，この水そうの水を全部くみ出すのに□時間□分かかります．

(イ) 最初Bだけを使ってくみ出し，途中からAとCだけを使ってくみ出したところ，この水そうの水を全部くみ出すのに，全体で4時間59分かかりました．このとき，Bを使った時間は□時間□分です．

算数　その2（4枚のうち）

24	受験番号
中	

用紙のウラ面には何も書かないこと

2　図のような角Bが直角である四角形ABCDがあり，AE＝FD＝4cm，ED＝DC＝3cm，AD＝FC＝5cmで，角AEDと角FDCは直角です．
次の問に答えなさい．（式や考え方も書きなさい）

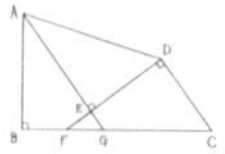

(1) EGの長さを求めなさい．

(2) ABの長さを求めなさい．

(3) 辺ADと辺BCをそれぞれ延長して交わる点をHとするとき，CHの長さを求めなさい．

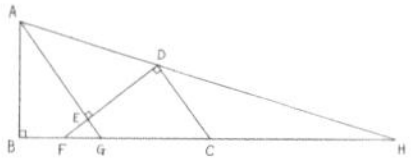

算数　その3（4枚のうち）

24	受験番号
中	

用紙のウラ面には何も書かないこと

3　図のように，S地点でつながっている大小2つの円形のコースがあり，大コースは1周1200mです．A，B，Cの3人は，S地点を同時に出発して，次のようにコースを回ります．

- Aは分速80mで反時計回りに小コースだけを回り続ける．
- Bは分速120mで反時計回りに大コースだけを回り続ける．
- Cは分速240mで，「時計回りに小コースを1周したあと，反時計回りに大コースを1周する」ということをくり返す．

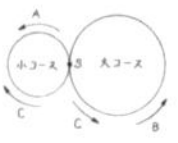

出発してから1分30秒後に初めてAとCは出会いました．
次の問に答えなさい．（式や考え方も書きなさい）

(1) 小コースは1周何mですか．

(2) 出発したあと，初めてCがBに追いつくのは，出発してから何分後ですか．

(3) 2回目にAとCが出会うのは，出発してから何分後ですか．また，2回目にCがBに追いつくのは，出発してから何分後ですか．

(4) 出発してから95分の間で，3人のうち2人以上が同時にS地点にいるのは，出発してから何分後ですか．考えられるものをすべて答えなさい．

算数　その4（4枚のうち）

24	受験番号
中	

用紙のウラ面には何も書かないこと

4　1からAまでのA個の整数を1つずつ並べて数の列を作ります．このとき，以下の［ルール］で，その列の点数を決めます．

［ルール］隣り合う2つの数の大小を比べて，右側の数が左側の数より大きくなっているとき1点，小さくなっているとき0点とし，この合計をその列の点数とする．

例えば，A＝5のときの［3 5 1 2 4］と並べた列の点数は，3＜5，5＞1，1＜2，2＜4なので3点です．次の問に答えなさい．

(1) A＝3のとき，点数が1点となる列は何通りありますか．

(2) A＝4のとき，点数が1点になる列と，点数が2点になる列はそれぞれ何通りありますか．

(3) ［1 3 2 4］と並べた列に5をつけ加えて新しい列を作ります．ただし，5は［↓1↓3↓2↓4↓］の，矢印（↓）の位置のどこか1か所に入れるものとします．このように作った列の点数として考えられるものをすべて答えなさい．

(4) A＝6のとき，点数が2点となる列は何通りありますか．

武蔵は手書き文字の問題文が特徴的。問題と解答用紙が一体型で、すべて式や考え方が必要。
解答に広いスペースが用意されている

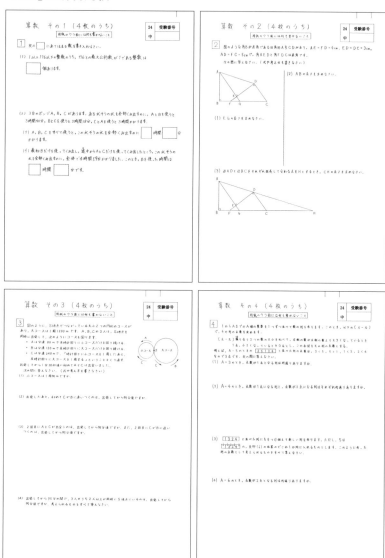

37 手ごわい「解答用紙」の攻略法

前項で、様々な解答用紙のタイプがあることを紹介しました。

通常、塾では、きちんと式や図を書いて解いているかどうかまでは見られないので、**思考プロセスを書かなければならない学校の場合は、その解答用紙に合わせた記述の練習が必須**です。具体的には、

①解答欄に収まるように書く
②採点官の読める字で書く（文字サイズをそろえる）
③必ず式を書く
④線分図、面積図など思考の手がかりを書く
⑤解法を思考の流れにそって、上から下、左から右へ向かって書く

「巣鴨」の解答用紙

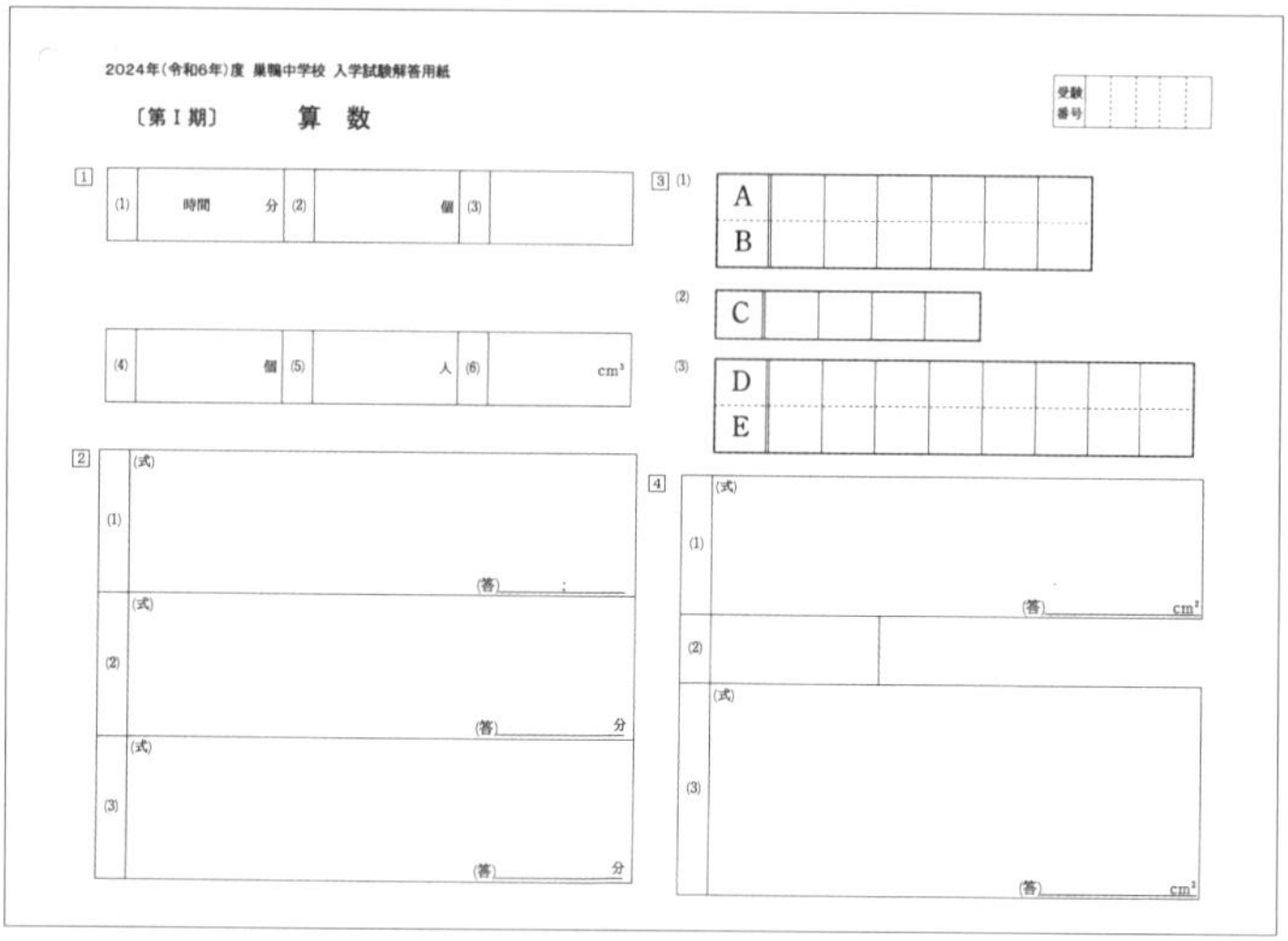
2024年（令和6年）度　巣鴨中学校　入学試験解答用紙
〔第Ⅰ期〕　算　数
受験番号
1 (1) 時間 分 (2) 個 (3)
(4) 個 (5) 人 (6) cm³
2 (1) (式) (答) :
(2) (式) (答) 分
(3) (式) (答) 分
3 (1) A B
(2) C
(3) D E
4 (1) (式) (答) cm²
(2)
(3) (式) (答) cm³

2024年度の巣鴨中学校の算数の解答用紙。B4サイズの横型

となります。順に見ていきましょう。

①解答欄に収まるように書く

当然と言えば当然ですが、解答欄からはみ出てはいけません。基本的には子どもが通常書く文字サイズで収まるように解答用紙は作られていますが、前述した「大妻」や「巣鴨」のように解答欄が狭い学校もあります。普段のびのびと（大きく）おおらかに（雑に）書きなぐっている多くの男子は、巣鴨の解答用紙に泣くことになります。

いずれの学校も、筆跡を整えることだけでなく、**このスペースに必要と思われる式を書き収める訓練も必要**です。途中まで書いて書ききれなくなってしまうと、子どもはとても焦ってしまいます。

「スペースを知る」ということが非常に大切なのは、そのためです。

②採点官の読める字で書く

「丁寧な字で書きなさい！」「人が読める字で書きなさい!!」

もう何十回、何百回、何千回我が子に言ってきたことか……。改めてがっかりされると思いますが、諦めてはいけません!! 最近は模試の答案を機械で読み取って採点する方法が主流ですが、入試では学校の採点官（人間）が採点し、漢字のトメ・ハネ・ハライの採点基準も学校によって異なります。

上手な字である必要はありません。「丁寧に書いているか」「読める字で書いているか」だけの話です。文字サイズをそろえるよう意識するだけでもずいぶん変わります。

子どもは7と9の見分けが付かない書き方を「僕は9って読めるもん」と反論しますが、それは入試では通用しません。

実際〝入試後に自己採点したら合格最低点を上回っていたのに不合格だった〟と納得のいかなかったご家庭が学校に問い合わせたところ「文字が雑で読みづらいものはすべて×として採点した」との返答があったそうです。

これほど恐ろしいことはありません。できる限り「採点官の読める字で」書くように矯正する必要があります。

③必ず式を書く

記述をさせる学校で忘れてはならないことがあります。それは、**「考え方・式を書かせる学校の多くが、答えが間違っていても部分点をくれる」**ということです。

ですからお子さんには「途中の式を省略しないこと」「答えがわからなくても、途中までても解いてみること」「採点官がわかるように書くこと」を伝えてください。**1点、2点の差で合否が決まるわけですから、この部分点はあなどれません。**逆に、部分点で稼ぐことができるので、完答しか○をもらえない解答のみの学校より有利とも言えます。

また、式と計算（筆算）は別物です。主従関係をはっきりとさせましょう。

解答用紙には式（主）を、暗算できない筆算などの計算（従）は解答用紙の隅か、問題用紙の余白に書きましょう。

この時、必ず該当する問題のすぐ近くで計算すること。式と計算を紐付けておかないと、見直しに時間がかかってしまいます。

④線分図、面積図など思考の手がかりを書く

これは③と同様です。特に難関校以上になると、型通りの解法ではなく、ユニークな考え方、独自の考え方を丁寧に採点してくれる学校が増えてきます。

白紙という状態は避け、何らかの手がかりを残しましょう。

⑤答えを思考の流れにそって、上から下、左から右へ向かって書く

大人は当たり前に「上から下／左から右へ書くもの」と思い込んでいますが、子どもはそうではありません。思いついた場所に式を書き、書けなくなったら空いた上や左のスペースに次の式を書く、ということはよくあります。

算数と理科は**「上から下へ」「左から右へ」書くと言うルールを再認識させておいて下さい。**

このあたりの書き方は、日常的にどうノートを使っているかに関わってきます。ノートの使い方については拙著『中学受験　必勝ノート術』（ダイヤモンド社刊）も参考にしてみて下さい。

38 「マトリクス」と「解答用紙」で子どもとの相性を測る方法

例えば、第一志望が「大妻」(偏差値54、以下カッコ内同)、第二志望が「富士見(東京都)」(50)、第三志望が「カリタス女子(神奈川県)」(45)の場合を考えてみましょう。

この3校を校風マトリクス(女子校)で見ると、いずれも「秩序を重んじる」に寄っており、革新度もそれほど高くなく、比較的似た校風だとわかります。

次に入試問題を見てみましょう。

算数の「処理力マトリクス」では、大妻(3・1〜3・5分)、富士見(1・6〜2・0分)、カリタス(2・1〜2・5分)です。解答用紙を見ると、大妻は記述スピードが鍵を握りますが、富士見で制限時間内に点数が取れればカリタスは問題なさそうです。

続いて国語の「読解文章量マトリクス」では、大妻・富士見はともに8001字〜

1000字で平均値。カリタスは10001～12000字とやや多くなっています。
また「記述量マトリクス」からは、カリタスは301～400字とそれなりに記述させる学校であることがわかりますので、カリタスの国語との相性が気になります。

◎傾向がバラバラだと志望校対策が大変に

一方、例えば、第一志望の国語は答えのみでOKなのに、第二志望は多く記述をさせる学校となると、第二志望対策にもそれなりに時間を割かねばなりません。
最終的に**それぞれの志望校にどこまで合格可能性があるのかによって打ち手は変わってきますが、偏差値のみで第二、第三志望校を決めるのは危険**です。マトリクスや解答用紙を使って出題傾向の研究を入念に行う必要があります。

何度も言いますが、どのマトリクスも志望校を制限するものではありません。行きたい学校であれば出題内容、相性、解答用紙の種類にとらわれずチャレンジしてほしいと思います。マトリクスは、そのための過去問対策に役立てるためのものです。

39 家庭でできる頻出分野対策

多くの大手塾では、6年夏までにカリキュラムが一通り終わり、夏期講習で1巡目の総復習となります。そしていよいよ、秋から「志望校別特訓」が始まります。

学校名のついたいわゆる「冠特訓」は、各塾が威信をかけて入試問題を分析し、類題を作成して徹底的に対策してくれます。

◎冠特訓のない学校は家庭で対策するしかない

しかし、**冠特訓のないほとんどの学校は、自宅で志望校対策をするしかありません。**ここでP.140～の「頻出分野分析」が効いてきます。志望校の頻出分野がわかれば、過去問に取り組む前にすべき事は以下です。

①頻出分野と子どもの状況を照らし合わせる

（例）第一志望校で「規則性」が頻出の場合
・規則性が苦手→まずは塾などのテキストに戻り、基本問題が解けるようにする。基本問題が解けるようになってから過去問に進む。
・規則性は苦手ではない→過去問に取り組んでOK。

②　①での得点力を見る
・半分以上得点できる場合→過去問を解きながら得点力を磨いていく。
・半分も得点できない場合→過去問を5年分以上コピーし、規則性の問題を切り取って問題をノートに貼る。それらの問題から「どのような問題を好んで出すのか」「どこでつまずきやすいのか」を分析し、解けるようになるまで練習する。

一口に規則性といっても、等差数列を好む学校、典型的な分数列を好む学校、図形と絡めた数列を好む学校など様々です。②のノートを見ても傾向がわからない場合は、塾の先生にそのノートを見せ「どのテキストのどこをやれば良いか」を教えてもらいましょう。

また、**頻出分野に関係なく「大問2の一行題をまんべんなく間違える」という場合は、基礎が身についていません**（**標準校、中堅校に多い**）。この場合、私はいつも『四科のまとめ』（四谷大塚）を使って短期間に最低2巡して典型題の〝型〟を入れることを推奨しています。ただしこれは、塾で全分野が一通り終わってから（6年の夏以降）が条件です。

40 解く時に必ず行う3つの手順

過去問は漫然と解いてはいけません。
過去問を解く前にすることは、具体的には次の3つです。

①目標点数を決める
②時間配分を決める
③〇×△に分類する（問題の選別）

それぞれ、説明していきましょう。

①目標点数を決める

まず、目標点数を決めます。

赤本には、過去の「合格者平均点」「受験者平均点」「合格最低点」などが掲載されてお

一番大切なのは「合格最低点」

「芝」の2024年度入試の各点数と、過去5年の合格最低点

	国語	算数	理科	社会	計
	100	100	75	75	350
合格者平均点	64.4	65.9	36.7	46.8	213.8
受験者平均点	58.1	51.9	30.9	42.3	183.2
目標点数①	**65**	**75**	**40**	**60**	**240**
目標点数②	**55**	**70**	**40**	**55**	**220**

合格最低点
196（2024年）
195（2023年）
210（2022年）
194（2021年）
189（2020年）

り、ホームページで公開している学校もあります。**これらの数値の中で一番大切なのは「合格最低点」**です。なぜならこの点数さえクリアできれば、合格を勝ち取ることができるからです。

上の表は、「芝」の2024年度入試の各点数と、5年間の合格最低点です。

これまでの合格最低点で一番高いのが、2022年の210点。つまり210点あれば、どの年においても合格することができるというわけです。

合格最低点は直近5年くらいを見ます。過去問は満点を取る必要はなく、目標点数を立ててそこに近づければいいのです。この学校が第二志望、第三志望で余裕がありそうな時には、目標点を少し高めに設定します。①では240点にしました。まだ過去問を解き始めたばかりで余裕がない、第一志望でかなり背伸び的な学校である、と

いう場合は、合格最低点ぎりぎりの点数でもいいでしょう。②では220点としています。

また、例えば「獨協（東京都）」や「三輪田（東京都）」のように**近年、偏差値の上昇が著しい学校の場合は、志望順位が低くても合格最低点に30点ほどプラスして考えます。**

次に、それぞれの科目で何点取れそうかをざっくりと計算します。例えば算数が得意であるなら、算数を仮に85点、75点などと決めてから、他の科目の点数をあてていきます。

そして、その点数を目指して、過去問を解くようにします。

②時間配分を決める

次に時間配分を決める練習をします。

「慶應義塾中等部」の2024年度の算数を例にしてみましょう。大問が全13題、計20問あります。解答時間は45分です。お子さんがスピードにのってどんどん問題を解いていく「処理型」の場合は、見直しの時間を10分とり、35分の時間制限で計算します。反対にじっくり問題に取り組む「熟考型」の場合は、45分の時間をすべて解答にあてていきます。

「熟考型」よりさらに時間がかかってしまう子は、例えば大問の最後など、難しい問題を抜いて計算してもいいでしょう。

処理型：35÷20＝1分45秒

熟考型：45÷20＝2分15秒
問題を抜く：45÷17＝2分40秒

これで、1問あたりにかけていい時間がわかります。実際は、そこまで時間のかからない問題もあり、そこで浮いた時間を他の難しい問題に使うことができるため、「後半の問題は3分くらいかけても大丈夫だよ」と安心させることも大切です。

ちなみに、慶應中等部は、大問3の（4）に必ず回転体が出題されますが、時々レベルの上がる年があります。Rくんにこの問題を解かせたところ、15分かけて間違える、という年がありました。

前述の1問あたりの時間を再確認したうえ、「当日、この問題を解く？」と聞いたら、「かなり簡単、もしくは時間がたくさんあまった時以外は飛ばす」との答えが返ってきました。

もちろん、直前期以外は、このような問題を丁寧に解き、正解させる努力が大切です。

しかし、**本番では「点数を取ること」がすべてであり、これこそが合格するための時間配分テクニック**です。

過去問を始める頃には、本番で使う腕時計を準備しておきましょう。**残り時間を視覚的にとらえるためにも、デジタルではなく秒針のあるアナログの時計を使う**ようにして下さい。

③○×△に分類する（問題の選別）

過去問をスタートしたら、最初の30秒以内で、問題を○×△の順に分類します。**○は解けるもの、×は難しいと判断したもの**（**捨て問**）、**△は解いてみないとわからないもの**です。

○の問題からスタートし、次に△へと移ります。「×には手を出すな、まずは△を攻略しろ」ということです。何度も言いますが、合格するために満点を取る必要はありません。**むしろ、難しい問題を避け、自分の実力で得点できる問題に時間をかけて確実に点数を積み上げていくことが必要**です。そのためには、問題をぱっと見た時に、「解けるか、解けないか」おおよその見当をつけておく必要があります。過去問演習は、この「捨て問」を見極めるための訓練でもあるのです。

ただし、○と△で目標点に達しない場合はまだ過去問を解く段階ではありません。

算数は、前半の大問1の計算や、大問2の小問群（一行題）で点を稼ぎますが、時々、地雷のように難しい問題が仕掛けてある場合があります。このような場合、前半部分に時間をとられていると、確実に解答できる後半の問題にたどりつかないことがあります。過去問を解く時に問題にざっと目を通して「解けるか、解けないか」を判断し、解けるところから始める。本番は普段の延長でしかないため、**本番と同じやり方で過去問を解くこと**

が大切なのです。

そのためには、普段の模試でも、○×△をつける練習をしておくことも必要です（復習テストはのぞく）。ちなみに、記すのは○と×のみで△は無印にすると、時間短縮できます。

◎ 午前中にやるのがベスト

過去問はできるだけ本番と同じ雰囲気で試験時間に合わせて一気に解く日を必ず作ります。よって、試験が始まる時間に合わせて、土曜日の朝などに行うことをおすすめします。平日の午後は子どもも疲れているので、点数が出にくくなります。コンディションの悪い時に解いた過去問の点数で落ち込んでしまっては、もったいないですよね。

集中力が続かなくて4科目一気に解けない、というお子さんもいます。しかし、さすがに1ヶ月前には本番の試験と同じスケジュールで解ける体力が必要です。科目と科目の間にテレビを見るなど言語道断です。

過去問は問題の対策だけでなく、本番で戦えるようにするための、練習試合という意味合いがあります。練習試合でいつも1セットしか戦っていない選手が、公式戦でいきなりフルセットでは満足に戦えません。過去問も同じ意識を持って、フルセット戦える気力と体力を培っておくために活用しましょう。

41 合格最低点との点差を埋める見直し法

過去問を解いたら、丸付けを必ずして、得点を赤本に記入しておきます。この作業は子どもがきちんとできれば良いですが、採点が雑だったり、答えを書きかえる可能性があるので、できるだけ親がしましょう。

丸付けのためのペンやマーカーは、赤と青と緑の3種類用意しておきます。

◎採点のやり方

まずは赤ペンで採点します。P.181でふれた自己目標点には届かなくても、**その過去問の年の合格最低点（不明な場合は全体の7割）に届いていればOK**です。

合格最低点に届いた場合は、自分で○×△をつけた問題のうち、○をつけて間違った問題のみ見直します。この過去問はこれで終了です。**×印の捨て問には決して深入りしないで下さい。時間を浪費するだけです。**

間違い直しは次の手順で行います。

・どこをどう間違えたのか探し、そこから解き直す
・間違いに気付けない時は解説を読み、再度解く

合格最低点に届かなかった場合は、○と△をつけて不正解だった問題を見直してそれを青ペンで採点。赤丸と青丸を足して合格最低点あるいは目標点に届いたらＯＫです。**それでも届かない場合は、再度同じ手順で間違い直しをします。**その結果は緑のペンで採点します。これで点数が届いたら終了です。

この採点法によって「どの問題を取れば合格できるか」を認識させ、「赤ペンでの正解を多くしていかねばならない」という意識を子どもに植え付けます。

△の問題を間違った場合、問題の見極めには慎重を期す必要があります。

間違えた場所がわかった、解説を読んで理解できたなら、それは「○に近い△」です。次に似たような問題が出た時には、確実に得点できるようにしましょう。

解説を読んでもわからない「×に近い△」というのもあります。これは、捨て問に分類されていきます。

△の見極めには経験が必要なため、過去問を解く中で、この力をつけていくことになり

ます。もし、どうしても判断がつかない場合は、塾の先生などに相談してみるのもいいでしょう。

前述のように繰り返しても合格最低点と離れている場合、理由が4つ考えられます。

①子どものコンディションが悪い（体調不良、気力不足など）
②過去問との相性が悪い
③対策不足
④実力不足

日にちをおいてもう一度解かせ、前述の方法で合格最低点に届けば、初回は①が原因です。

②の場合は、算数・国語のマトリクスを見て、問題の傾向を調べたり、偏差値はどうか、出題に癖があるかどうか（これは塾の先生に聞く）などをもう一度確認してみましょう。日にちをおいて再度やっても合格最低点の半分にも届かない場合は③④となります。

この場合は過去問は一旦休み、対策ができていない部分を埋めてから、過去問に取り組みます。**入試直前ならば、志望校変更を検討する必要もあります。**

42 過去問カレンダーの作り方

過去問を解くのは、思ったより時間がかかります。４科目をまとめて解くと３〜４時間はかかりますし、それ以上に大変なのが「解き直し」。

行き当たりばったりに進めると、必ず積み残しが出ますので、「いつ／どの学校の／どの科目」を解くかを記入した「過去問カレンダー」を作るのをおすすめしています。

入試本番は、３科目あるいは４科目を通して解くわけですが、６年秋はまだ、過去問を通しで解ける状態ではありません。というのも、科目によって仕上がりが異なるからです。ですから、**直前までとっておく1年分をのぞいて、国語、社会は新しいものから、算数、理科は対策のできた年から解いていきます。**

６年秋から冬休みが始まるまでは、小学校も塾もあり、過去問の時間がなかなか捻出できません。「塾のない月曜日は、夜に国語１回分」「午後から特訓授業のある日曜午前は、疲れ過ぎないように算数と理科の2科目」のように、**細切れに組み込むと進めやすくなります。**

もちろん入試は合計点。科目間の気持ちの切り替えも、過去問を通して身につけていく必要があります。6年冬には、全科目を通して解く日も作っていきます。

それでもやはり過去問は積み残るもの。

Y君は、冬期講習明けに第一、二、三志望の過去問が、まだ数回ずつ残っていました。しかし、土日は午後から塾があるため、平日にも組み込まねばなりません。そこで、土日の午前は4科通しで、平日は学校を遅刻・あるいは早退して2科目ずつ進めていきました。

さて、**過去問カレンダーを作る際に最も注意すべきは「詰め込み過ぎないこと」**。塾から帰ってきてから1科目くらいできるでしょ、と親は思いがちですが、疲れている時に過去問を解いても百害あって一利なし。取れるはずの問題をボロボロ落とし、本人も親御さんも打ちひしがれるだけです。

たとえ過去問カレンダーを作っても、もしお子さんが疲れ果てているならば、その時間は休息にあて、別の日にやりましょう。

column 4 宗教校

国公立に絶対ないもの――それは「宗教」です。

宗教校というと「その宗教の信者にならなければいけないの？」「厳しい戒律があるのでは？」と不安に思われる方もいるかもしれませんが、ほぼそのようなことはありません。

ただ、その教えが人間形成に大きな影響を与えることもあります。

実際、カトリック男子校の代表格である「暁星（東京都）」出身の文京区長・成澤廣修《なりさわひろのぶ》氏は「中高時代にカトリックの教えである〝家族愛〟を得たことが非常に大きい」と話し、日本の自治体首長で初めて育休を取った事で注目を浴びました。

◎宗教校は軸がぶれない

宗教を持っている学校が最も強い部分は、「学校のカラーが変わらない」ということです。校長が変わっても、先生の入れ替わりがあっても、宗教という軸がぶれないので、学校の雰囲気や教えが大きく変わることはありません。

総じてプロテスタント校は「自主・自立」を大切にし、自由で明るい雰囲気になる傾向がありま す。ただし、毎朝礼拝がある、聖書の時間があるなど、より宗教色が濃くなります。一方、カトリック校は「他者に尽くす前に自分の能力を磨くべし」とし、しっかりと勉強させる傾向があります。

主な宗教校

【キリスト教系(カトリック)】

男子校	聖光学院、栄光学園、暁星、サレジオ学院、大阪星光、洛星、ラ・サール、函館ラ・サールなど
女子校	雙葉、浦和明の星、白百合学園、湘南白百合、光塩女子学院、晃華学園、清泉女学院、カリタス女子、聖心女子学院、ノートルダム清心、神戸海星など
共学校	愛光など

【キリスト教系(プロテスタント)】

男子校	立教池袋、立教新座、聖学院など
女子校	女子学院、頌栄女子学院、東洋英和女学院、恵泉女学園、香蘭女学校、普連土学園、立教女学院、フェリス女学院、横浜英和女学院、横浜共立学園、神戸女学院、金城学院、同志社女子など
共学校	青山学院、明治学院、関東学院、同志社など

【仏教系】

男子校	芝、世田谷学園、鎌倉学園、東大寺学園、東海、東山、清風など
女子校	国府台女子、淑徳与野、四天王寺など
共学校	淑徳、宝仙学園、洛南、清風南海など

しかし、それ以上に学校のカラーに影響を与えるのは「教会政治でどの型か」という点です。主教・司教がトップダウンで指導する「監督制」、選挙で選ばれた長老が運営する「長老制」、メンバー全員が教会の運営に関わる「会衆制」の3つの型があり、それに基づいて学校運営がなされます。

仏教系も勉強をしっかりさせる傾向にあり、毎日般若心境を唱えたり、総本山を訪れたりと宗教儀式も組み込まれます。

ただ、これらの教えやカラーがどう影響を与えるかは本人次第であるのはいうまでもありません。

現実的な問題として、受験生に一番影響があるのは「サンデーショック」です。入試日が日曜に当たると、キリスト教の学校は宗教上の理由により入試日を変更することがあり、出願者数や合格者層が大きく変動します。この場合の併願校については、入念に塾に相談しましょう。

第5章

最短合格のためのプロの手法

無駄な遠回りをしない！　6年生秋以降の合格最短ルート

この章で話す内容は、すべて6年生の秋以降の話になります。

最短で志望校に合格するためには、適正な手段を取る必要があります。がむしゃらに勉強をしても意味はなく、全受験生が対象の模試の結果に一喜一憂するのもナンセンスです。ただし、ここでいう最短とは「最小の努力で」という意味ではありません。

無駄な遠回りをせずに然るべき方法を取る、という意味です。

そのためには、

- **無駄な勉強で時間を浪費しない**
- **適正な模試を受け、結果を活用する**
- **子どもの学力を正確に把握する**
- **学力のピークを本番に合わせる**
- **子どものメンタルを理解する**
- **ある程度親が管理する**

ことが大切です。

◎直前期は詰め込みも

この章では詰め込みの方法もお話ししていますが、これができるのは直前期（本番2～3ヶ月前）のみ。第3章で「過去問を早い段階で仕上げてしまわない」とお話ししましたが、**受験生が大きく伸びる（いわゆる本気になる）のは直前期です。**

なぜなら、入試まで100日を切ると子どもにとっても「中学入試＝遠い未来」ではなく、「中学入試＝我がこと」になるからです。

この期間は親にとっても体力、気力、何より精神力が試されます。

この方法を6年生の夏前、まして5年生や4年生の時にさせてもあまり効果はありませんが、受験生の最後の追い込み方と仕上げ方を前もって知っておくと、長い中学受験期間を少し俯瞰して見られるのではないでしょうか。

43 志望校別対策講座が有効な子、有効でない子

9月になると、ほとんどの大手塾が志望校別対策特訓講座を開始します。たいてい日曜日に開催されるために通称「日特」と呼ばれ、サピックスなら「SS（サンデー・サピックスの略）」、早稲田アカデミーなら「NN（何が何でもの略）」など、呼び名は様々です。また、早いところでは2月から開講する塾もあります。

これに関しては、行ったほうがいい子と、そうでない子にはっきり分かれます。

◎ 夏前の日特は不要

夏前の日特は、志望校対策に特化しているわけではなく、平常授業とは別立てのカリキュラムで既習分野を復習します。平常授業の宿題やテストの復習をきちんと行っても、まだ時間が有り余って何をすればよいのかわからない……というお子さんは参加したらよいと思いますが、そんな余裕のある6年生は非常に稀です。

夏前はとにかく基礎を構築する時期であり、そのためには平常授業の宿題や振り返り、テストの見直しが欠かせません。

一週間のスケジュールを立てると明白ですが、塾のない平日、土曜日だけでこれらはなかなか終わりません。日曜日をあててもすべて終わるかどうか……というのが実情ではないでしょうか。また、日特は拘束時間が長いため、時間だけでなく体力も消耗します。

平常授業の足場固めや、もし余裕があれば弱点分野の補強などで一週間はあっという間に過ぎます。個人的に、夏前の日特は不要だと考えており、常にそうお伝えしています。

◎志望校対策コース

P．140、P．178でも触れたように、最難関校の冠特訓は塾側がオリジナルテキストを用意していますが、それ以外の冠特訓では過去問を分析し、きちんとした対策授業を展開していることはあまりありません。「志望校の過去問を解いて、解説を聞いて終わり」というところが大半で、行く必要性を感じないことが往々にしてあります。

また、しっかりとした冠特訓であっても、授業の解説についていける子はいいのですが、実力が届いていない子だと解説を聞いても内容がわからず「単に座っているだけ」ということにもなりかねません。**背伸びした第一志望のコースに入ってしまうと、行き帰り**

の時間を含めて数時間を無駄にしてしまいます。行って価値があるか否かは、子どもが一番よくわかっています。

「不安だから行く」のではなく、「力がつく」との手応えがあれば参加しましょう。

◎ 学校名がない「難関校対策コース」は一考を

特定の学校名をつけず、あらゆる学校を一緒にした「難関校コース」も開講されます。

「難関校」というと聞こえは良いですが、実は行く価値はあまりありません。

このような対策コースで多いのが、「入試問題に慣れさせるため」という名目で、いろいろな学校の過去問を解かせるといったものです。

E子ちゃんも、塾から「必ず出るように」と言われ、このような「難関校コース」に参加していました（塾としてはそこで受講料を取るのですからほぼ強制です）。

志望校が「日本女子大附属（神奈川県）」にもかかわらず、そこで繰り広げられていたのは、「ハッパをかけるため」「切実さを持たせるため」という名目で、ほぼ最難関校の、しかも出題に癖のある「渋谷教育渋谷」や、男子校である「駒場東邦」の過去問を解く授業。E子ちゃんの第一志望は女子中堅校ですから、そのような問題に時間を費やすのは無駄です。私が指導に行くと、「点数が取れなかった……」と言ってショックを受けていましたが、駒場東邦を受けるわけではないのですから、ここでショックを受ける必要はまったくありません。そもそも、レベルも傾向も異なる問題で点数が取れるわけがありません。

大切な時期に無駄な時間を過ごしているだけでなく、メンタルにも悪影響があるため、途中からそのコースに参加するのをやめてもらいました。浮いた時間は弱点補強や志望校対策に費やし、無事に合格しましたが、「あのまま日特に通っていたらと思うとゾッとします」とお父様が振り返っていらっしゃいました。

◎ 家で勉強ができない子は、参加するのもよし

多くのお子さんにとって**この時期に必要なのは、頻出分野の対策や苦手分野の強化ですから、親、あるいは個別指導や家庭教師が志望校のフォローができる状況ならば、志望校に特化した勉強を家ですべき**です。

ただし、そのようなサポートが難しく、家では集中して一人で勉強ができないという場合は、対策コースに行けば何かしら問題は解いてきます。ただし、やみくもに参加するのではなく、コースで扱う内容のどれが必要、あるいは不要かを、しっかりと塾に確認しましょう。

44 志望校レベルに合わない模試は意味がない

中学受験生が塾などで受けるテストで、全学年に共通するのは、主に次の2種類です。

○復習テスト――塾で毎週、あるいは隔週などで実施され、**直近で学んだことの定着度を測る〝範囲がある〟テスト**（復習テスト、デイリーチェック、週テスト、学習力育成テスト等）。

○実力テスト――月1回、あるいは数ヶ月に1回実施される〝範囲のない〟テスト。クラス編成などの資料にもなる（公開テスト、組み分けテスト等）。

そして、6年生になると本格的に始まるのが、「模試」と言われる実戦力を測るテストです（P.203参照）。こちらも範囲はなく、志望校を登録すると合格可能性も算出されるので、受験が近づいてくると結果に一喜一憂されるご家庭が多くなります。

実は、お子さんの状況や志望校のレベルによって、受けるべき模試は異なります。つまり、**模試を考える時には、「問題難度」と「母集団」を考える必要があるのです**。おおまかな目安ですが、レベルの高い順に並べると次のようになります。

【関東】

○問題レベル　サピックス＞四谷大塚＞日能研＞首都圏模試

○母集団レベル　サピックス＞四谷大塚＞日能研＞首都圏模試

【関西】

○問題レベル　希学園＞浜学園＞日能研＞馬渕教室＞能開センター＞五ツ木・駸々堂

○母集団レベル　希学園＞浜学園＞馬渕教室・能開センター＞日能研＞五ツ木・駸々堂

（首都圏模試と五ツ木・駸々堂は模試のみを実施しており、塾ではありません）

これらの模試は、6年生になると本格的に始まり、夏前は約2回、9月以降は毎月あるいは隔月のペースで実施されます。

◎志望校のレベルによって、受ける模試は違う

例えば、**標準校志望のお子さんがサピックスや希学園の模試を受けてもさっぱり点数が取れません。**なぜなら、これらの模試は最難関・難関志望の子をターゲットに作られているため問題レベルが非常に高く、標準校や中堅校で出題されるような問題がほぼ出ないからです。志望校に合格できる力があっても、偏差値も志望校判定も惨憺たる結果になります。

Rちゃんはサピックスの Aクラス（一番下のクラス）に在籍しており、志望校は中堅校で

した。6年の夏休みを経て、確実に実力がついているのがわかりましたが、サピックスオープンではどれほど頑張っても偏差値が30を上回ることはありませんでした。しかし志望校の過去問では着実に得点できるようになり、第一志望に合格しました。

一方、**最難関校志望のお子さんが、小規模塾のオリジナル模試や、首都圏模試や五ツ木・駸々堂模試で合格可能性80%以上であっても信憑性はありません。**小規模塾のオリジナル模試は母集団が小さいためデータとして不十分です。また、首都圏模試や五ツ木・駸々堂模試は中堅校・標準校志望の子がボリューム層のため問題難度がそれほど高くありません。最難関志望者が受ければ偏差値は高く出ますが、実際の入試問題とかけ離れたレベルの問題で得点しても意味がありません。

基本的にはお子さんが通っている塾の模試をすすめていますが、お子さんの学力と模試のレベル、あるいは志望校との乖離がある場合、別の模試も検討する必要が出てきます。

ただ、ここで注意が必要なのは、

- 自塾の模試と、他の模試を組み合わせる事によって貴重な週末が潰れてしまう
- 模試によって個性が異なるため、アウェイの模試で点数が取れるようになるには少し時間がかかる

という点です。判断が付きかねる場合は、塾の先生に相談しましょう。

各模試の特徴

【関東】

サピックス	最難関校、難関校向け	・母集団のレベルが高い ・サピックスオープンはAタイプ（基礎・知識）とBタイプ（思考・記述）の2種類あり、両方の結果を元に合格可能性を算出する。
四谷大塚	最難関校〜中堅校向け	・全国一の受験者数。 ・母集団が幅広く、上〜真ん中がボリュームゾーン。近年問題レベルが上がっている。
日能研 **（問題は全国共通）**	難関校〜標準校向け	・母集団は幅広いが、真ん中がボリュームゾーン。
首都圏模試	中堅校〜標準校向け	・母集団は真ん中〜下がボリュームゾーン。近年問題レベルが上がっている。 ・6年夏までは出題範囲が決まっている。

【関西】

希学園	最難関校、難関校向け	・母集団が少なく、難度が非常に高い。 ・国語・算数に記述が加わる。
浜学園	最難関校〜中堅校向け	・規模が大きく、学力が測りやすい。 ・国語・算数に記述が加わる。 ・別途、国語記述力練成テストもある。
馬渕教室	中堅校〜標準校向け	・標準的で受けやすく、力を測りやすい。高得点勝負となる。
能開センター	難関校〜標準校向け	・近畿南部が中心で、大阪南部や和歌山のトップ層が受ける。 ・6年夏までは出題範囲が決まっている。
五ツ木・駸々堂	中堅校〜標準校向け	・内容は標準的だが、大手塾の模試とは傾向が異なるため、初めて受けると苦戦する。

45 模試にもタイプがある

お子さんがどのような問題形式に向いているかは、模試である程度判断がつきます。日能研（全国公開模試）と四谷大塚の模試（合不合判定テスト）を受けると、お子さんがどちらに向いているかを、ある程度つかむことができます。

ただし、P. 202でもお話ししたように、模試にも慣れが必要です。模試によって、用紙のサイズ、テストの製本の仕方、解答用紙の様式、問題を解くスペース量などが異なり、初めての模試では「どこに受験番号を書けばいいんだろう？」というレベルから戸惑うこともあります。

◎ 模試によって大きく異なる国語

算数は模試を受ける母集団と難度によって偏差値が変動しますが、国語は模試の出題タイプによっても影響を受けます。**サピックスや四谷大塚の模試は、いわゆる記述をさせる**

問題が多いのですが、日能研はそれほどでもありません。

Cちゃんはサピックスの Aクラス(一番下)でしたが、国語はそれなりに得意でサピックスの組分けテストでも偏差値50は超えていました。しかし算数がさっぱりで全く授業についていけず、6年生春の時点で小数の割り算にも苦しんでいたため、日能研に転塾しました。「日能研ならばもっと偏差値も取れるだろう」と私もお母様も思っていたのですが、実際に模試を受けてびっくり! 算数は目論見通り点数が取りやすくなったのですが、国語の偏差値が大きく下降したのです。Cちゃん曰く、「サピックスは記述が多かったけど、日能研は選択式(客観問題)が多くて、それでことごとく外しちゃう」とのこと。

国語の記述問題を不得手とする子は多いのですが、書く力がある子は部分点をもらえます。しかし、選択式は○か×しかありません。志望校の「中央大学附属」は選択式のオンパレードなので、客観問題の補強が必要だと早期に判明して良かったです。

一方、Kちゃんは小規模な塾に在籍しており、母集団の小さな独自の模試で国語の偏差値は55以上を安定して取っていました。6年生の夏頃から、塾が日能研の模試を推奨するようになり、初めて受けた模試がボロボロ。本人もショックを受けていましたが、国語と算数の問題が一体になり、広げるとA3サイズにもなる大きさの問題用紙に戸惑ったようです。慣れてもらうために、その後も数回受けてもらいましたが、国語のプロの先生より『鷗友学園』が志望校ならば、国語に関しては記述の多い合判（合不合判定テストの略）を受けないと意味がない」とアドバイスを頂き、その後は四谷大塚の合判に切り替えました。

模試の慣れ、志望校の出題傾向に沿った内容、これらをクリアした上で初めて、偏差値に意味が出てきます。

◎夏前の模試の結果は忘れよう！

6年生の秋からは、毎月のように志望校判定の模試が行われます。

判定の合格率を気にするのは、秋からでOK。夏前の結果は良くても悪くても忘れてください。秋以降、お子さんの成績は大きく変わりますし、乱高下もめずらしくありません。伸びてくる子、失速する子など、順位が激しく入れ替わり始めます。

何より大切なのは、本番に向けて秋から上昇カーブに乗せていくこと。人間、悪かった結果は忘れますが、良かった過去の栄光はいつまでも覚えていたいものです。

しかし、秋からの成績が実力です。客観的に現実を見つめ、打てる手を打っていきましょう。

46 3ヶ月前の合格判定は40%くらいがちょうどいい

「模試の判定は良ければいい」というものでもありません。本番3ヶ月前であれば、私は「40〜60%くらいがちょうどいい」と思っています。

この頃に第一志望の合格率が80%など、あまり高い値が出てしまうと、子どもはどうしても慢心してしまいます。緊張感がなくなってしまうため、これまで詰め込んできたものがポロポロ抜け落ちていくだけでなく、一番肝心な秋以降の成績の伸びにアクセルを踏まなくなってしまうのです。

入試で必要なのは「当日にピークをもってくること」。**入試の3ヶ月前にピークが来ても意味がないのです。**

9月の学校別模試で第一志望、第二志望ともに合格率80%が出たJ君。親子ともに「これで安心」と、すでに合格した気分。J君は勉強に身が入らなくなり、お母さまからも「まあ、大丈夫でしょう」と必死さがなくなってしまいました。

その後の模試で60％になっても「今回は調子が悪かっただけ」と現実を直視しようとせず、11月の模試で最低偏差値を叩き出し、親子ともにパニックに陥りました。ここで大切なのは、この数ヶ月で機能低下した学力を一から立て直すことです。

しかし、厳しい結果を直視したくない気持ちが強く、「今さら基礎固めなんて」と地道な勉強を軽視し、ひたすら過去問ばかりを解いて、残念な結果に終わりました。

◎40％なら、各教科あと10点ずつ積み増せばいい

実際、合格率40％というのは、それほど悪いわけではありません。

例えばある模試を見てみると、合格率40％と80％では得点差にして38点でした。

つまり、各教科あと10点ほど上積みできれば、80％の判定に食い込めるわけです。算数で言えば、計算問題をあと2問正解する。国語は漢字を落とさない……、などとしていくと、簡単に合計で40点近くを積み増すことができます。ですから私は、「％ではなく、点数を見て下さい」と言っています。**常に「あと何点、積み増せるか」で考える**のです。

特に算数は1問あたりの点数が大きいため、計算ミス1問と一行題の答え書き間違いの計2問だけで、偏差値が5以上変わることもあります。

合格率や偏差値にあまりとらわれすぎず、とにかく本番に目を向けましょう。

47 模試の判定と過去問の出来、どちらが重要？

模試は、お子さんの実力に合ったものを受ければ、志望校の選択に非常に役に立ちます。

しかし、これはよくあることなのですが、**模試で出た合格率と、過去問を解いてみて出てきた結果が、まるで合わないことがあります。**

以前、セミナーで「模試の結果は合格率20％だけれど、過去問を解くと7割取れる。どちらを信用したらいいのか？」という質問がありました。

この場合、**信用すべきは断然「過去問の点数」**です。学校別模試を除くたいていの模試は、志望校の傾向が反映されていません。最難関校志望から標準校志望まで、あらゆる層の子どもが受けます。しかし、本番は自分と同じ層の子たちとの勝負です。標準校志望の子が、最難関校志望者が釣り上げた平均点に翻弄される必要はないのです。

最難関校や難関校志望者が、典型題がメインの模試で80％を取っても、志望校の問題で点数が取れなければ意味はありません。偏差値がいくら高くても、記述力がなければ、記述力を求める学校には受かりません。

繰り返し言いますが、模試の結果よりも大切なのは、過去問の結果です。

◎ 秋以降は塾のクラスは気にしなくてよい

お子さんにとって、目先の「塾のクラス」は、親が思っている以上に気になること。本番が近づいているのに、過去問の結果よりも、模試の結果よりも、塾のクラスを気にしているお子さんも多いです。

ただ同じ塾でも、校舎によってレベルは様々です。大規模校舎の真ん中のクラスと、小さな校舎のトップクラスが同じレベル、ということはよくあります。

塾のクラスというのは、恣意的に操作されることも往々にしてあります。純粋に点数が上がれば上のクラスに上がれる、というわけではありません。「今回は点数が良かったが、おそらく偶然だろう」ということで、成績が上がってもクラスは据え置きにする塾（先生）もあります。

……とここまで話しても、「一度でいいからひとつ上のクラスに上がりたい」とぼそっとつぶやく子どもの心情もよくわかります。それが最大のモチベーションであるならば、そこに理解を示してあげることも大切です。

とはいえ、やはり**特に秋以降は、クラスの上下を気にするよりも、過去問との相性に焦点を当てていきましょう。**

◎過去問で「合格最低点」を上回るとやる気が

F君はいつも塾のクラス昇降におびえていました。過去問も思うように点が取れずイライラが募り、12月に入って完全にやる気が失速してしまいました。

が、ある時、第一志望の過去問がポンと合格最低点を上回りました。すると「クラスなんてどうでもいいや」と自分で言い出し、過去問で点を取ることに執着しはじめ、やる気が戻ってきました。クラスを気にしつつも、何だかんだ言って志望校の過去問で点数を取れることが子どもにとって何より嬉しいのです。

偏差値よりクラスより過去問の点数。ぜひ、これを親子で合言葉にして下さいね。

48

〝仕上がりつつある〟とはどういう状態か

私たちプロは、子どもが受験に向けて順調に「仕上がっている」か「仕上がっていないか」で打ち手を変えます。そして、その「仕上がり」判定に使うのは、過去問です。

特に対策もせず、**本番3ヶ月前に初めて解いた第一志望校の過去問の点数が、「受験者平均以上」であれば、その子は「仕上がりつつある」**と考えます。学校や年度によって合格者平均と受験者平均の開きは異なりますが、そこまで細かく気にしなくてかまいません。

◎ 仕上がりつつあれば過去問を進めてOK

仕上がりつつある場合は、週に1～2年分のペースで、過去問を解き始めても大丈夫です。

その場合、まず親が注意すべき点は「手持ちの過去問をあまり早く仕上げすぎない」ということです。早く仕上がりすぎて（早くピークを迎えて）、その後、得点力が低下しないよ

「仕上がりつつある」とは？

⬇

第一志望校の過去問の点数が「受験者平均」に達している

・週に1～2年分のペースで過去問に取り組んでOK
・問題の見極め力を磨く（◯×△の判断を正確に）
・精度を上げる（正答率の高い問題を落とさない）
・終わった過去問は、必要なところだけ再度解く（P.186参照）

う、併願校の過去問を挟み込みながら過去問カレンダー（P．189）を作ってやっていきましょう。

仕上がりつつある状態の子どもには、「問題の見極め力を磨く」ことを意識させます。P．180の手順に沿って、◯と判断した問題はしっかり得点し、×と判断する「捨て問」の見極めを素早くできるようにします。

また、合格者の大多数が正解する問題で落とさないことも非常に大切です。つまり解答の「精度」を上げていくことが至上命題となります。それがどの問題なのかわからない場合は、塾や個別指導、家庭教師の先生に相談し判断してもらうといいでしょう。

終わった過去問にもう一度取り組む時には、初回のように一からすべてを解く必要はありま

せん。

算数は、間違えた中で取れなくてはいけない問題（○と判断したのに間違ったもの、△として解けるもの）を、P．182で算出した時間内で解くようにします。

ただし、あまりにもボロボロだった過去問は、期間をおいて（できれば1ヶ月以上）再度取り組ませて自信を回復させましょう。仕上がりつつある状況なので、子どものコンディション不調、あるいは対策不足が考えられます（P．188参照）。

◎過去問が終わっていたら

P．133で述べたように、塾などの指導で、早々に過去問を終えてしまった、という方もいると思いますが、幸い、3ヶ月以上前に解いた過去問の正確な答えは忘れている子も多いもの。同じ過去問を何度も解かせたり、20年前までさかのぼって解かせたりといったことはせず、とにかく本番にピークを合わせることを意識して、**解いた日付が古いものから（記憶に残っていないものから）粛々と解きましょう。**

「もう解いてしまった！」と後悔する必要は一切ありません。

49 〝頑張ったら届く〟の見極め方

6年秋以降に初めて解いた過去問の点数が、合格最低点の半分以下の場合は、「まだ仕上がっていない」と考えます。

このような場合は、秋以降に開催される合格判定の出る模試と、志望校のレベルを元に、対策を考えます。

◎ 仕上がっていなくても、頑張れば届く場合

過去問で思ったような点数がとれなくても、**模試の判定で合格可能性が40%以上であれば目はあります**（模試の判定は20%刻みが多い）。

このケースでは、学校のレベルにかかわらず徹底した志望校対策が功を奏します。50%に近いということは「2回に1回は受かる」ということ。希望があります。そして、実はこの状態の受験生が一番多いのです。

「仕上がっていない」とは？

↓

第一志望校の過去問の点数が「合格最低点」の半分以下

模試で合格可能性40％以上の場合

・過去問は一度ストップ

・志望校の頻出問題の見極め＆やり込み

・頻出分野ノートを作る

徹底的に志望校対策を

模試で合格可能性20％以下の場合

① 最難関・難関校志望→志望校を再検討

② 中堅校志望→一行題対策、頻出問題対策

③ 標準校志望→基礎抜けの確認

詳しい説明は、P. 218 へ

このように「頑張れば届く」場合は、一度、過去問を解くのをストップして、徹底的に志望校対策を行います。

どの問題を正解しなければならないか、志望校の頻出分野をきちんと正解できているかをまずは検証していきます。

もし早々に頻出分野分析をしていても、子どもは小学校や塾といった日常生活の中で、各志望校の特徴をあっさり忘れていきます。そこで再度、P．140に立ち返ります。そして頻出分野の大問を半分以上は解答できるレベルに、とにかくやり込んでください。

例えば「鷗友学園」の算数では、相似を多用した求積の問題が毎年出題されており、この分野の攻略ができれば、一歩合格に近づくことができます。

◎頻出分野ノートを作る

頻出分野対策は、新しい問題集を買うのではなく、これまで使用した塾のテキストの中から頻出分野にあたる問題を探します。それをコピーしてノートに貼り、解かせ、本人に注意点を書き込ませます。このノートは、入試直前の見直しに使い、本番もお守りとして持っていきましょう。

過去問を解き進めるようになったら、今度は過去問から頻出分野をコピーして同様のノートを作ります（P.179参照）。

「成城学園」志望のYちゃんには、「速さとグラフ」の問題ばかりを集めたノートを作ってもらいました。頻出分野をやり込むことによって自信を持ち、点数を取ることはもちろん、当日、その問題の難度を見極めて手を出すか、出さないかの判断をつけられるか否かは非常に大きいのです。

50 〝頑張っても届かない〟の見極め方

過去問の点数が合格最低点の半分以下であり（**仕上がっていない状態**）**、なおかつ模試の判定が20％以下の場合は、学校のレベルで対策が大きく変わります**（「20％以下」より下の判定は、模試では出ません。なお、最難関校〜標準校の目安はP.23をご覧ください）。

①最難関・難関校が志望校の場合

まずは、最難関・難関校の場合。本番3ヶ月前で、過去問が合格最低点の半分以下、模試の判定が20％以下の場合は、志望校の再検討が選択肢となります。**ここから合格可能圏内にもっていくためには、点数に換算すると、100点近い積み増しが要求されます。**

しかし、最難関・難関校の問題を相手に3桁点数を伸ばすのは、非常に難しいのが事実です。また、最難関校の場合、先にお話ししたような家庭での志望校対策がしにくい、ということも理由にあげられます。簡単に点の積み増しができないのです。

取る手段としては次の二つです。これはお子さんの性格によります。

- **志望校を変えると、お子さんのやる気が落ちる場合→第二志望以下を確実に固める**
- **志望校を変えても、お子さんが頑張れる場合→第一志望を変更する**

お子さんのやる気がなくなるのが明らかな場合は、志望校の再考は棚上げです。「まずは第二志望の学校から取り組もう！」「第一志望は、第二、第三志望が目標点を上回ってからね」などと言って、第二志望、もしくは第三志望の過去問にしっかりと時間をかけます。第一志望の過去問は1~2回のみにし、時間をかけないようにします。沢山解くほど、点数が取れない現実に打ちひしがれてしまうからです。

現在の第一志望にそれほどこだわりがないなら、第一志望の変更を考えます。実は、第一志望を変更して内心ほっとする子もいます。

いくつかの学校の過去問を解いてみて、問題との相性から第一志望を再考するのも一つの方法です。ただしこれは最終手段。学校選びの基本は、学校に足を運ぶことからです。

②中堅校が志望校の場合

第一志望が中堅校の場合、算数の対策は「一行題」と「頻出分野」です。中堅校は典型題の出題が半分以上を占めるので、そこをおさえます。使うテキストは、塾で使っていたものでかまいません。新しいものを、という場合は『四科のまとめ』がおすすめです。

算数だけであれば、私が執筆した『きょうこ先生のはじめまして受験算数』（朝日学生新聞社）も、中堅校を受ける子に向いています。こちらは動画が見られるようになっています。

頻出問題はP．140の手順で過去問を分析し、P．179の方法で得点力を上げます。

③標準校が志望校の場合

標準校が第一志望で、その判定が20％以下ということは、中学受験に必要な基本的な知識が抜けている、ということです。もしかすると、塾の問題集が難しすぎて、まったくついていけてないのかもしれません。まずは、どの分野に抜けがあるのかを確認する必要があります。

役に立つのが、日能研の『ベストチェック』（国語・算数）、『メモリーチェック』（理科・社会）です。巻頭に確認テストがついており、これを解かせることで「うちの子は割合のここがわかっていない」「理科は電気が全くダメだ」など、現状どこに「穴」があるのかがわかります。これは、冬期講習が始まるまでに終わらせます。

◎スクリーニングには時間をかけない

『四科のまとめ』も『ベストチェック』『メモリーチェック』も、時間をかけて解いてはいけません。

時期的に時間がない、というのもありますが、入試本番でもそれほど時間をかけることができないからです。**1問あたり3分まで、と設定して解かせ、「理解できていない」「忘れている」問題、及び単元をあぶり出すのがスクリーニング**です。

苦手単元をきちんと把握し、冬期講習はその部分を埋める気概をもって臨みましょう。

また、これは入試が「我がこと」となった直前期にやるからこそ意味があります。

塾の授業についていけない子というのは、いつも苦しい思いをしています。しかし、薄い問題集を1冊終わらせることで、達成感を感じさせることもできます。

このような「できた！」「終わった！」という気持ちが、受験に向けて前向きになるきっかけを与えてくれることもあります。

51 中堅校・標準校は、最後の詰め込みで突破できる！

算数は暗記科目ではありません。直前期までは「理解し、腑落ちさせ、反復演習して定着させる」勉強が必須です。しかし、本番2ヶ月前となると時間が限られてきます。

幸い、**中堅校と標準校は、解法のパターンを覚えることで解ける問題が多く出題されます。**これは、最難関校や難関校とは大きく違うところです。**だからこそ、最後に詰め込み型の学習をすることで、受かる可能性が見えてくるのです。**

一部のお子さんを除いて、ほとんどのお子さんは「知識が抜ける」のが当たり前です。夏期講習でやったことは、冬になれば忘れてしまいます。特に、いやいや勉強をしていたり、モチベーションが下がっていたり、疲れていた時の勉強はほとんど頭に残っていません。

このような子たちは自分に自信をなくしていることも多く、必ず1校は合格を取らせてあげねばなりません。詰め込みでもなんとかなることの多い〝努力コスパのよい単元〟を中心に、最後は思い切り詰め込みましょう。

『きょうこ先生の
はじめまして受験算数
図形・場合の数編』（朝日学生新聞社刊）
の目次より

＜図形の性質＞
1 三角形と四角形
＜多角形の求角＞
2 角度の基本
3 求角の知識
4 角度の応用①
5 角度の応用②
6 求角の総合問題
＜多角形の求積＞
7 多角形の公式
8 複合図形①
9 複合図形②
10 円
11 求積の総合問題
＜相似と長さ＞
12 相似の基本
13 ピラミッド相似
14 ちょうちょう相似
15 直角三角形相似
16 相似の複合
17 相似の総合問題
＜面積比＞
18 底辺比
19 相似比
20 相似の応用①
21 相似の応用②
22 面積比の総合問題
＜立体図形＞
23 立体図形の性質
24 柱体
25 すい体①
26 すい体②
27 回転体、立方体の切断
28 切断の応用
29 立体の総合問題
＜水位と容積＞
30 容積と水
31 見かけの水量
32 水量の変化とグラフ
33 水の高さと容積の総合問題
＜図形の移動＞
34 平行移動、回転移動
35 転がり移動
36 図形の移動の総合問題
＜場合の数＞
37 書き出し
38 順列
39 組み合わせ
40 道順ほか
41 円順列ほか
42 場合の数の総合問題
＜総合演習＞
43 求角の総合演習
44 求積の総合演習①
45 求積の総合演習②
46 立体図形の総合演習
47 場合の数の総合演習

『きょうこ先生の
はじめまして受験算数
数・割合と比・速さ編』（朝日学生新聞社刊）
の目次より

＜数＞
1 素数、約数と倍数
2 公約数と公倍数、最大公約数と最小公倍数
3 約数・倍数とあまり
4 約数・倍数の文章題
5 小数と分数
6 数列①
7 数列②
8 数列③
9 偶数と奇数／倍数判定法
10 概数
11 N進法
12 数の総合問題
＜割合と比＞
13 割合
14 比の基本①
15 比の基本②
16 比の文章題①
17 比の文章題②
18 売買損益
19 食塩水
20 単位あたりの量と2量の関係
21 比の総合問題
＜速さ＞
22 速さの基本
23 旅人算
24 速さと比
25 速さの線分図
26 速さの文章題①
27 速さの文章題②
28 ダイヤグラム
29 通過算
30 流水算
31 時計算
32 速さの総合問題
＜文章題＞
33 和差算、分配算、消去算
34 差集め算、過不足算
35 つるかめ算
36 相当算
37 平均算、年齢算
38 仕事算
39 ニュートン算
40 やりとり算
41 植木算
42 方陣算
43 日暦算
44 推理・論理
45 文章題の総合問題
＜統計とグラフ＞
46 さまざまなグラフ
47 集合と表
＜総合問題ほか＞
48 ①解法その1
49 ①解法その2
50 数の総合問題
51 割合と比の総合問題
52 速さの総合問題
53 文章題の総合問題

＊ が最も努力コスパのよい単元。
が次に努力コスパのよい単元。

52 志望校対策を個別指導や家庭教師にお願いするなら

秋以降、塾に加えて個別指導や家庭教師をつけるご家庭も増えてきます。
その時の依頼の仕方を工夫すると、少ない投資で最大の成果を出すことができます。

①苦手分野の克服を頼む

塾で志望校別コースがあり、きちんと対策してもらえる場合は、家庭教師には頻出かつ苦手分野を集中的に教えてもらいましょう。

頼む前に、過去問や模試を利用して、お子さんが間違えた問題を洗い出し、苦手分野の傾向を見つけておきます。

算数であれば「速さのグラフが解けない」「立体図形に弱い」などがわかっていれば、その部分の指導をお願いします。

これは、理科や社会でも同じです。理科は「物理の中でも特に滑車が苦手」、社会であれば「近代史が苦手」など、お子さんの間違えやすい傾向があるはずです。その苦手部分を集中的に頼むと成果も上がりやすくなります。

②記述対策を頼む

また、記述対策こそ家庭教師に向いています。

私は算数専門なので、志望校の国語で記述があり、9月になっても記述力が一向に上がらない子には、プロの国語家庭教師をつけてもらうようご家庭にお願いしています。

入試は合計点での勝負であり、**配点が大きく部分点を稼げる記述は非常に重要です。しかし、独学や家庭の力で記述力を磨くのは至難の技です。**

③頻出分野対策を頼む

塾で志望校対策をあまりしてもらえない場合は、過去問対策をお願いします。まずは、前出の「志望校の頻出分野分析」（P．140）などを一緒にやってもらうよう頼み、子どもに自覚を持たせてもらいましょう。

親では傾向がつかみにくい学校がありますが、プロであれば数年分の問題をざっと見れば、出題傾向をつかむことができます。頻出問題を特定してもらい、そこに則って指導してもらいましょう。

残り3ヶ月に必要なのは、このような徹底した志望校対策です。家庭教師や個別指導の先生が、しっかりとその対策をしてくれるのであれば、塾を休んで比重を個別指導や家庭教師に移すのがおすすめです。

ただし、基礎が疎《おろそ》かな状態で頻出分野対策をお願いしても、それは砂の上に家を建てるようなもの。その場合は残された時間で何に取り組むのがベストか、何なら取り組めるかを冷静に判断してもらいましょう。

なお、依頼をする時に、ざっくりと「過去問対策を」と頼んでしまうと、塾の「難関校対策講座」と同様、過去問を繰り返し解いて終わり、ということにもなりかねません。ひと口にプロ家庭教師といえどレベルは様々。せっかくの投資を無駄にしないためにも、しっかりと戦略を立ててから頼みましょう。

column 5 大学附属校

年々大学附属校の人気が高まっています。かつては「大学受験がないため、好きなことに6年間打ち込めるから」という理由が上位にありました。

しかし、やはり一番大きな動機としては、大学附属に我が子を入れて〝親が〟いち早く安心したい、というのが本音ではないでしょうか。また、難関私立大学の定員が大幅に削減され、より大学入試が厳しくなってきたという背景もあり、それを念頭に置かれているご家庭もあるかと思います。さらに、潤沢な資金により素晴らしい環境や設備が用意されている、大学との連携により専門性が高く高度な授業機会が増える、10年間共に過ごすことで絆の強い友達を得られるなど、大学附属校ならではのメリットが多々あります。

ただし、大学附属だからといって全員がそのまま大学に進学できるわけではなく、大学附属校で過ごす6年間は一概に楽なコースとは言えません。順に見ていきましょう。

◎ 附属校と系属校

大学附属は「附属校」と「系属校」に分けられます。これは経営母体が異なり、「附属校」は大学と同じ学校法人が、「系属校」は異なる学校法人が運営しています。ただし、系属校でも「○○大学附属」と称している学校は多くあります。

「附属校」は、ほぼ全員が系列の大学に進学できます。「早稲田大学高等学院」「明大明治」（ともに東京都）「同志社（京都府）」「同志社香理（大阪府）」などがここに該当します。

ちなみに「慶應普通部」「慶應中等部」「慶應湘南藤沢」は慶應義塾大学が運営しているわけではないですが、ほぼ全員が推薦で慶應義塾大学に進む権利を得られます。

一方、「系属校」は、系列大学へ進学できる確率は学校によって異なります。

例えば早稲田系列学校の早稲田大学進学率は次のようになっています（早稲田摂陵中学校は2021年度より募集停止）。

【早稲田大学への進学実績】（2023年4月入学者）

○附属校

早稲田大学高等学院　99％

早稲田大学本庄高等学院（埼玉県）　99％

○系属校

早稲田実業高等部（東京都）　97％

早稲田高校（東京都）　48％

早稲田摂陵高等学校（大阪府）　8％

早稲田佐賀高等学校　47％

早稲田渋谷シンガポール校（シンガポール）　52％

また、かつてはほぼ全員が大学に進学できた学校でも、今は推薦枠が減りかなり厳しくなっているところもあります。このように、大学附属校だからといって安心できるわけではなく、学校の種類、年変化をリサーチする必要があります。

◎学部、学科の固定化

大学附属校のメリットとして、「〝どの大学なら受かるか〟ではなく、〝どの学部で何を学ぶのか〟をじっくり考えることができる」というものがありますが、希望の学部は当然成績上位者から埋まっていきます。また、学校によって選べる学部が異なることも、そもそも希望の学部自体がないこともあります。

内部進学できるか否かがギリギリの生徒の場合、人気のある学科ばかりを希望してどこからも合格がもらえない、あるいは意図的に人気のない学科を希望して進学できたが、勉強内容に興味が持てず辞めた……という例もあります。

大学附属だからこそ、これらの事前リサーチは入念にしておきましょう。

◎ 他大学への受験

附属校、系属校で内部進学率が低い学校は、2つに分けられます。それが「進学校か否か」です。

前述の早稲田高校は東大、京大をはじめとする難関国公立大学に多数合格しており、成績上位者が外部受験をして抜けていくことから、早稲田大学進学率が低くなります。

一方、早稲田摂陵は早稲田大学への推薦枠が約40人（卒業生約330人）で、高校3年間の成績や模試結果、志望理由などで総合的に判断されます。誤解を恐れずに言えば、他の生徒は早稲田大学より入りやすい大学へと進学するケースがほとんどです。

また、他大学を受験するにあたり、併設大学への内部進学枠を保持できるか否かも学校によって分かれます。明治の附属校や「東京都市大付属（東京都）」は大学合格実績を上げるために国公立大学などの受験を歓迎しており、内部進学枠を保持したまま外部受験ができます。一方、生徒を囲い込んでおくために、外部受験をするならば内部進学枠を取り消す学校もあります。

◎ 新しい大学附属校

少子化が進む中、実は日本全国の私学の半数弱が定員割れを起こしています。生徒・学生確保に必死なのは、私立中高も大学も同じです。

近年、定員割れの女子校や男子校がリニューアル共学校として息を吹き返す例がありますが、中には大学附属校となる学校もあります。

例えば「日本学園（男子校／東京都）」は、単なる共学へのリニューアルではなく「明治大学附属世田谷中学校・高等学校」として2026年から明治大学の系列校となります。明治大学への推薦枠が2029年度からできるとのことで、既に2023年から中学入試では倍率が上昇しています。

◎中高一貫校と大学の提携

大学附属校ではありませんが、昨今、大学と私立中高一貫校の提携が急速に進んでいます。

「香蘭女学校（東京都）」は立教大学への内部進学率が1997年は2割程度でしたが、2023年から100％になりました。英検2級をクリアすることが最低限のベースとなっていますが、そのためのサポート体制も整っており、ここ数年の偏差値の上昇には目を見張るものがあります。

また、「三輪田学園」は法政大との高大連携により、従来の指定校推薦とは違う〝協定校推薦〟として、約30人の進学枠ができました。しかも、高校在学時から大学の授業を聴講でき大学入学後には単位として認定されます。三輪田学園もこれから人気が高まる学校として注目されています。

芝浦工大は、「山脇学園」「昭和女子大学附属昭和」に次いで「実践女子学園」（すべて東京都）との連携協定を結び、今後さらに推薦枠が充実していくそう。これらは、理系分野に女子学生を増やしたいという大義もありますが、少子化により学生を確保したい大学と進学先を確保したい高校生の思惑が一致していることもありさらに進んでいくと思われます。

これからは、難関の「大学附属校」より「協定校」に注目が集まるかもしれません。

第6章

本番で我が子が力を発揮する受験スケジュール

「やって良かった」と思える中学受験にするために

中学入試本番は、お子さんにとって生まれて初めての大舞台です。生まれてから今までこれほど入念に準備し、周囲の期待を一身に背負い、大きな不安を抱え、たった一人で本番に臨むという機会があったでしょうか。

この大舞台だからこそ、極度の緊張や心身の疲れで、思うように力を発揮できない子もたくさんいます。逆に、想定外の強さを発揮したり、大人が目を見張るほど精神的に成長する子もいます。

首都圏では一人あたりの出願校数が約7校（早稲田アカデミー調べ）となっています。

「そんなに⁉」と思われるかもしれませんが、東京の私立が本命の場合、1月に本命前受験を2校、2月1日から3日にかけて午前、午後ともに出願するのが一般的な流れとなっています。これは、より確実に合格を確保するための組み方と言うこともできます。もちろん、出願数と受験数は異なります。本命校で即合格が取れれば2〜3校で受験は終了ですし、思うように合格が取れず3日以降にもつれ込むと、5枚以上受験し続けることになります。

◎ 本番で悔いなく実力を発揮するために

この〝本番が始まって進学する学校が決まるまで〟の数日間は、本当に些細なことが子どものメンタルを左右し、翌日の入試に大きな影響を与え、合否に直結します。その影響を最小限に食い止めるには、

- **子どもの性格や精神状態を的確に把握すること**
- **その上で緻密に併願校を組むこと**

が必要になります。

STEP2では、ひたすら点数を重ねる方法について話してきましたが、第6章では「本番」そのものに焦点を当て、今までの努力を悔いなく発揮できるように大人が準備できることをお話しします。

思うように力が発揮できなくても、「やりきった」「悔いはない」、そう思えるかどうかは、実はこの最後の半月〜本番の過ごし方にかかっています。

やって良かったと思える中学受験となることを、心から願っています。

53 確認すべきは、受験日・合格発表日と「入学金期日」

東京・神奈川の私立中学の場合、第一志望の入試は、2月1日～3日の間にくることが多いはずです。**第一志望はほとんど午前の入試になるでしょう。**

ここ数年増えた午後受験は、「保険」の意味合いがあるので第二志望以下となるはずです。

◎スケジュールを組むのは秋以降でOK

3年生、4年生の親御さんで、すでに『鷗友学園（偏差値62）』と『東洋英和女学院（同61）』、受験日が同じだから、どちらにしたらいいか」などと悩んでいらっしゃる方がいますが、私は**6年生の夏までは、どちらかに決める必要はない**と考えています。

両方第一志望として視野に入れておき、秋以降に決定するのでも、全く遅くはありません。過去問対策は秋以降ですし、何より、お子さんの学力がどうなるかまだわかりません。そもそも試験日程自体が変わることもあります。**あまり早くから決めても意味はない**のです。

もし仮に、鷗友を第一志望とした場合、2月1日は東洋英和で確実に合格を取って鷗友は2月3日の2回目入試を受けるのか、それとも鷗友を1回目、2回目と受けるのかなど、直前期のお子さんのコンディションによっても受け方が変わってきます。

もちろん、それまでに、P.82でお話しした「複数回受験」については、必ず確認をしておきましょう。もし、複数回受験で点数が加算される学校であれば、日程を調整して複数回受けたほうが有利ですし、そうでないならば無理して組み込む必要はありません。

また、受験の回（1回目、2回目、3回目など）によって、難易度に大きな違いがあることも多いので、それは事前にチェックしておきましょう。**たいていの場合、入試日が後になるにつれて、受験者層のレベルが上がって難化し、偏差値が高くなる傾向**にあります。

◎「入学金の支払い期限」はしっかり把握

さらに、受験日と合格発表日だけでなく、「入学金の支払期限」についても必ず確認しておきましょう。

入学金の支払期限は学校によって設定が様々です。通常は、合格発表の翌日に入学手続きという学校が多いですが、例えば「海城」は2月1日午前が入試、2月2日12時が合格発表で、手続き期間は2月2日12〜16時。

しかし、2月2日12時はまさに別の学校の午前入試が終わる頃で、入試会場から出てくる我が子を迎え、すぐに昼食を食べさせて午後校に移動、というケースが多いと思います。

そんな中、家族で連携が取れていないと16時までの入金に間に合いません。

「渋谷教育渋谷」のように1週間以上待ってくれる学校もありますが、**ここをきちんとチェックしないまま、第二志望、第三志望の入学金を払わないでいたために、第一志望が不合格で第四志望の学校に行くことになったケースもあります。**

東京都の私立中学の入学金の平均は約26万3000円です。

例えば、2月2日に受けた第三志望の学校の入学手続きが2月3日だとすると、それまでに第一希望が決まっていなければ、おさえとして入学金を払い込むしかありません。実際、「第三志望の入学金25万円を支払ったけど、第一に受かった。第一志望の結果発表があと1日早ければ……」というケースは非常に多いですが、これは受験費用として織り込んでおくしかありません。私立学校にとっては、入学金は貴重な経営資源なのです。

くれぐれも「行くかどうかもわからないのに25万円も払わなきゃならないなんて！」と子どもに当たらないように。入学金の支払期限は子どもと何の関係もありません。

54 〝本命前受験〟は進学対象かどうかで選び方が変わる

2月に第一志望がある子の多くが、1月に〝本命前受験〟をします。**本命前受験は、その学校が「進学対象である場合」と「進学対象でない場合」とで考え方が異なります。**

◎本命前受験が進学対象である場合

本命前受験校が第二志望、第三志望の場合、初めての本番ということも相まって子どもは緊張しています。第一志望の過去問の最終仕上げの時期とも重なりますが、本命前受験校の本番数日前からはその学校の過去問にシフトします。残しておいた最新年度の過去問を解く、あるいはすでに解き終わった過去問を見てP.180でお話しした「目標点数」「時間配分」「〇×△（問題の選別眼）」をきちんと確認しておきます。

この位置づけの学校の難しいところは、合格すると子どもは気を緩め、不合格だと落ち

込んで自信をなくすことです。ただ、本命入試までまだ2週間近くもあります。どちらであっても十分態勢を立て直せます。

◎本命前受験校が進学対象でない場合

本命前校に合格しても進学しない場合は、模試としての意味合いが強くなります。**その場合は、できるだけ「得点開示のある学校」を選びましょう。**なぜなら、各科目の手ごたえと実際の点数がどうだったかを分析する必要があるからです。

試験問題は、学校によって持ち帰りOK、持ち帰りNG、会場に掲示された問題の撮影ならOKなど様々です。また、大手塾ではその問題の答えを塾生向けに公開するところもあります。可能な限り問題を入手し（できない学校もあります）、その手ごたえと実際の点数に乖離があるならば、どこで点数を落としたのか、問題を振り返らせましょう。

学校によっては、同じ受験料で何度も受験ができたり、点数や順位を細かく出してくれたりと、模試さながらの機能を果たしてくれることもあります。2月に東京・神奈川の難関校を受験する生徒が1月受験校として選ぶ、「栄東（埼玉県）」はまさにその典型で、自分の点数や全体の中の順位だけでなく、あと何点で東大特待合格だったかまで教えてくれます。

プレッシャーに弱いお子さんの場合は、実力よりもかなり落とした確実に合格できる学

校を選び、「8割取ってこよう！」とハッパをかけプレッシャーに耐える練習をさせましょう。ここで合格を取ることで、大きな自信となり「意外にプレッシャーに強いじゃん！」と暗示をかけることができます。

逆に、「どうせ行かない学校だし」という気持ちが受験生の中にあると、全く緊張せずに入試が終わってしまい、本命前受験の意味がなくなる場合もあります。前日、当日の朝もそのような状態の場合は、敢えて緊張するようにプレッシャーをかける必要があります。

◎緊張状態で何が起きるのかを見る

1月受験には「場慣れ」の意味合いもあります。緊張状態で何が起きるのか。お腹が痛くなるのか、ミスをするのか。そんなことが自分でわかるだけでも、本命前のプラスになります。

A君は普段の模試ではほとんど緊張せず、第一志望の「海城」の過去問も1月に入って正答率が7割を超えるようになってきました。本番にピークを持ってくることが大切ですので、「良い感じに仕上がってきた」と安心していました。

ところが、1月の「佐久長聖（長野県）」の東京会場受験ですさまじく緊張し、最後の科目では腹痛がひどく、ほとんど集中できなかったそうです。そこまで緊張するとは本人も親御さんも思っておらず、「もうダメだ。絶対落ちた」と落ち込んでいました。

結果は合格だったのですが、第一志望でそこまで緊張してては実力を発揮できないため、1月中にもう1校「千葉日大第一（千葉県）」を受験してもらいました。こちらは緊張しなかったようで、「どうして緊張しなかったと思う？」と聞くと、「校舎が新しくて、木のいい匂いがして、教室が明るかった」とのこと。親御さんに「すぐ、ヒノキ玉でも何でも良いので買って下さい！」とお願いしました。

ところが2月1日の本命の日の朝、激励に行くとすさまじくこわばった顔で校舎に入っていき、その緊張状態は1日午後にも影響しました。2月1日の教室は「暗くて廊下側」だったとのことで、2月3日の海城2回目のリベンジで「次はきっと窓際の席だよ！」と励ましたのですが、何と前回と全く同じ席だったそうです。

これはもう「ご縁がなかった」というしかなく、結果は不合格でした。

本番にピークを持ってくるように指導しても、本番はどこまで緊張するか、本人にも周囲にもわかりません。繰り返しになりますが、**1月入試は緊張状態を経験することも目的なので、お子さんには「模試の代わりだから」「試験に慣れるためだから」などとは言わないようにして下さい。**

55 入試日程の組み方

首都圏や関西圏では、入試が始まると「初日：午前／午後」「2日目：午前／午後」「3日目：午前／午後」と、この3日の間に午前午後合わせて6つの試験を受ける子も少なくありません。

というのも「受験機会があるならば、なるべく早く1校は合格を取りたい（取らせてあげたい）」という気持ちが家庭にも、塾にもあるからです。

たしかに、プランとしては魅力的です。しかし、プランはあくまで机上の空論。入試日程を組む際は、それ以上に大切なポイントがあります。

①難度は「松竹梅」で組む

憧れの学校というのは、えてして子どもの実力より上であることが多いもの。そんな**憧れの学校ばかりで入試日程を組まれるご家庭がありますが、これは非常に危険**です。

つまり、全落ちの可能性が限りなく高くなります。

不合格は、まだ11、12年しか生きていない小学生にとっても、親にとっても大きなダメージを与えます。もちろん、**不合格を乗り越えることによって得られる成長もありますが、確実に合格を取れる学校を組み込むのはマストです。**

イメージとしては、自分の偏差値が55、第一志望が60だった場合、偏差値45の「安全校」をなるべく早い入試日程に組み込む形です。初めて解いた過去問で比較的楽に合格最低点を上回れば「安全校」。それでも入試本番で合格できる保証はどこにもありません。

②移動時間

入試日程表に鉛筆やPCを使って志望校を埋めていき、カチリとピースがハマると「完璧なプランができた！」と思います。……が、そこから頭を悩ますのが移動時間。

今はスマホで乗り換え案内を検索すると、駅間の所要時間やタクシーでの移動時間がすぐにわかりますが、電車やバス、あるいは車道がその通りに流れるとは限りません。さらに**見落としがちなのが、最寄り駅から学校までの所要時間。**徒歩なのか、路線バスなのか、スクールバスなのか……はたまた駅に自家用車で待機すると決めても、車を停める場所はあるのか等、下見は必須です。
読めないと言えば、**午前受験校の面接の終わり時間が読めないケースも少なくありません。**できる限り学校に聞いておきましょう。

③体力

午後入試を実施する学校は、受験生たちが午前の受験校から移動してくることを承知しています。よって、入試開始時間が15時、あるいは16時という学校もあります。

とはいえ、午後入試のスタートが遅ければ「間に合わない」というリスクは免れますが、逆に終了時刻は遅くなります。16時スタートで19時に終了し、帰宅したら21時を回っていた……それから夕食、お風呂を経て22時過ぎに就寝、しかし2日目はまた朝5時起きとなると、体力が持ちません。

受験生にとって一番大切なのは「体力」。どれほど模試の判定が良く、過去問で点数が取れていても、体力が低下していてはパフォーマンスが発揮できません。

Kちゃんは、入試初日から3日目まで、午前・午後と6回受験も可能でしたが、体力温存のため午後入試はすべて見送りました。入試日程は子どもの体力を必ず考慮しましょう。

④過去問

受験校が増えれば増えるほど、解かねばならない過去問も増えます。たとえD校とE校が偏差値上「安全校」であったとしても、過去問を実際に解いてみないと本当に安全かはわかりませんし、もし合格最低点に達しない場合は、複数年過去問を解く必要があります。

また、入試会場に向かう前に、各々の学校の攻め方をその都度確認する必要があります。**入試期間中、子どもはそれほど器用に攻め方を切り替えられないため、受験校の種類が膨れ上がるのは避けましょう。**

◎入試日程は多数プランを持っておく

どれほど「大丈夫だろう」というプランで入試日程を組んでも、入試は何があるかわかりません。「絶対安全」と言われていた安全校をあっさり落としてくることもあります。

よって、**入試日程は複数プランを用意し、2日目以降は「複数出願」をしておくことをおすすめします。**たしかに無駄になる受験料が発生しますが、まさかの辛い結果が続く場合、慌てて出願できる学校を探しても冷静な判断はできません。

理想的な組み方

早いうちに、確実に合格を取れそうな学校を入れておく

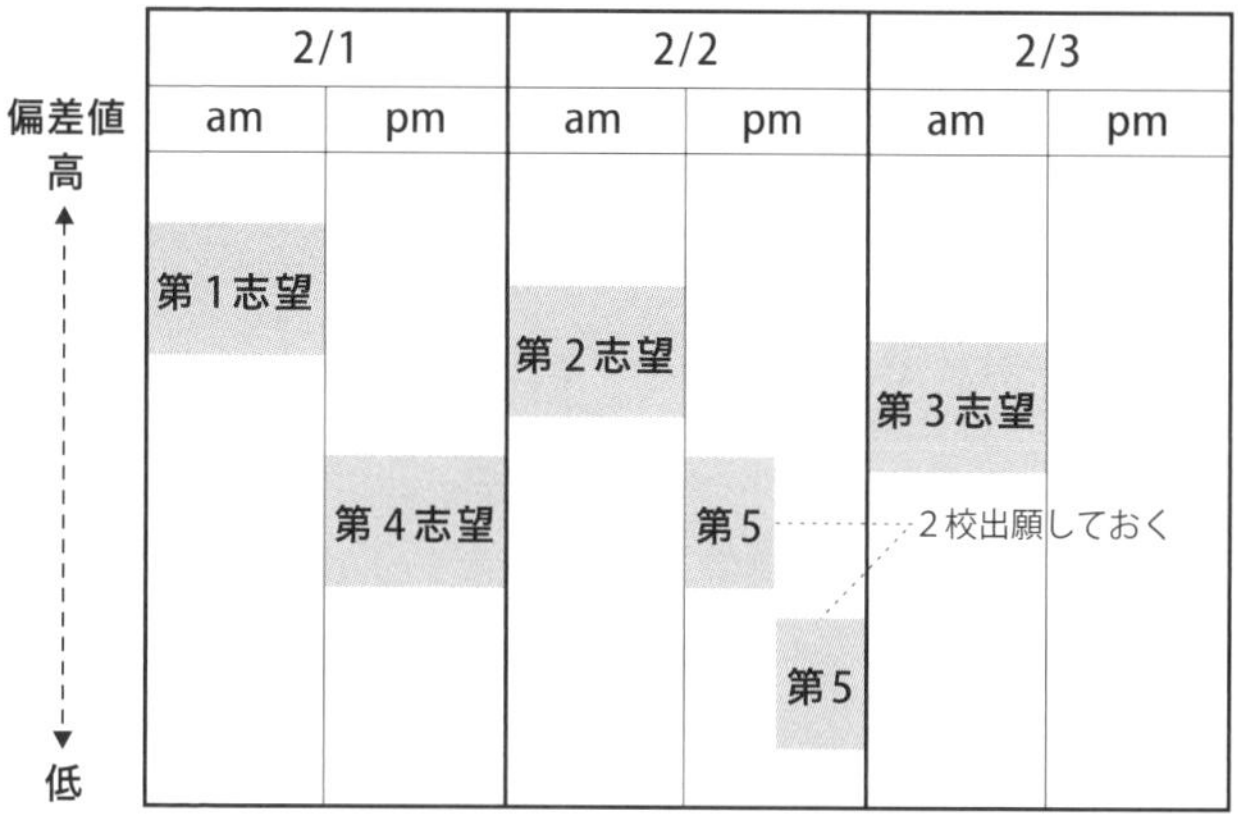

NGな組み方

確実に合格を取れそうな学校が最後の方に組み込まれている

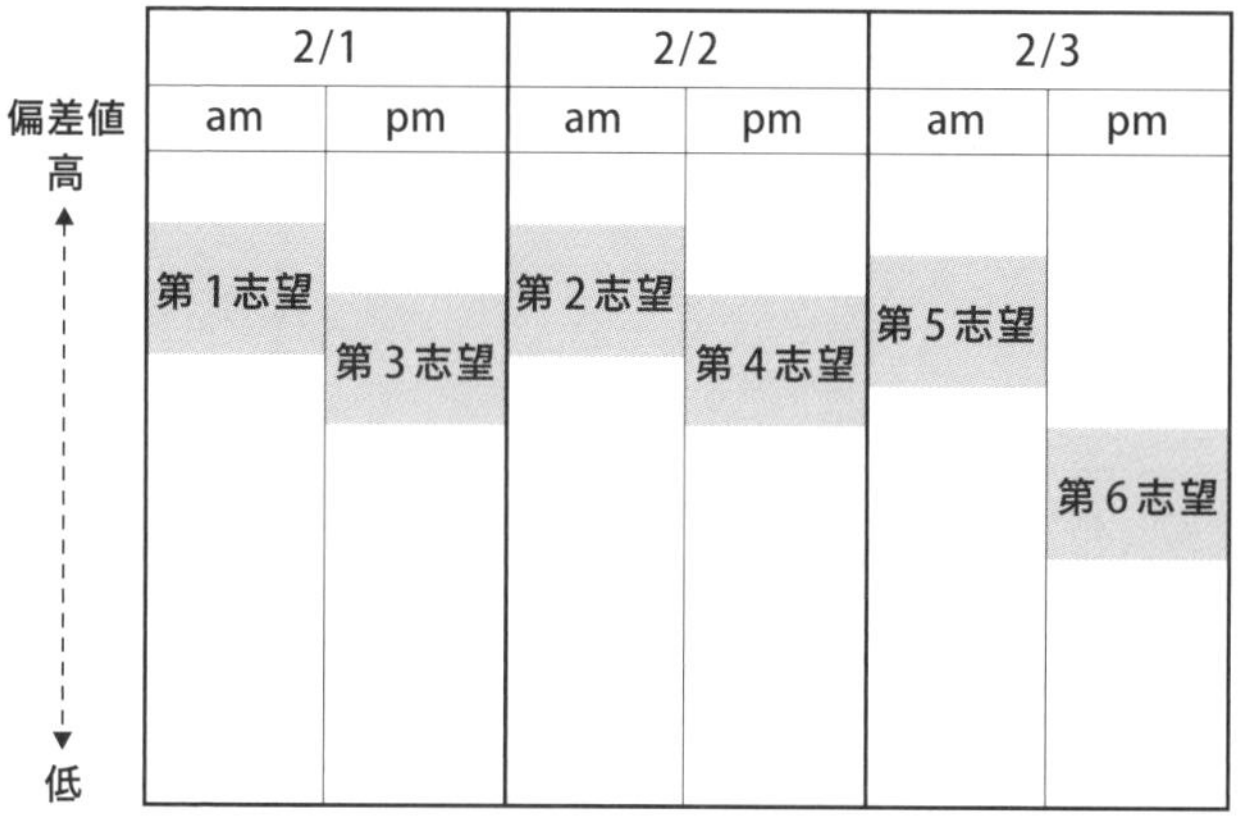

56 面接は合否につながるのか

面接のある学校を受験する場合は、その対策もしなければなりません。**形態も「子どものみ面接」「親のみ面接」「親子面接」「集団面接」など様々です。**

基本的には「試験の点数＋面接」の総合点で合否が出ますが、それぞれの学校でどの程度面接に比重が置かれているかはなかなか公開されません。しかし、普通にしていれば面接が原因で落とされることはほぼありません。**親子ともに、悪い意味で人目を引く格好や、奇矯な行動、言動をしなければ大丈夫です。**

不安な人は、学校説明会などで、「面接はどの程度考慮されるのか」「何を見られているのか」「面接の順番は、受験番号順か、当日の受付順か」「面接にかかる時間はどの程度か」などを聞いておきましょう。特に、P．243でお話したように、午後に試験が控えているお子さんの場合は必ず、面接の順番や所要時間を確認するのをお忘れなく。

あと一点だけ付け加えるとすれば、**キリスト教系の学校では「キリスト教をどう思いますか？」といった質問がされることがあります。**信者でなくても無難に答えられるように準備しておくと、落ち着いて面接に臨めるはずです。もちろん、信者の方はアドバンテージが高いので、その場合はきちんとアピールしましょう。（嘘は見抜かれるのでやめましょう）。

◎お受験スーツは必要か？

面接を控えたお母様方に「服を買わないと駄目ですか？」とよく質問されるのですが、これは気持ちの問題です。

ぱっと見で新品かレンタルかは判断つきませんし、面接スーツは地味な物を選ばねばならないため、おそらくその1回きりしか使わない可能性も高いと思います。

しかし、入試に関しては願掛けの意味合いもありますよね。〝すべてにおいてあやかりたい〟という気持ちが強い方は、新調されることをおすすめします。一方、〝子どもの点数がすべて。面接は失点さえしなければ大丈夫〟という現実的な方はレンタルで良いと思います。

どちらを選択したにせよ、不合格だった場合はおそらく「あまり見たくないスーツ」として人に譲ったり、「やっぱりレンタルで済まそうと言う親の心持ちが悪かったのか……」

と反省することになるのでしょう。

ただ、保護者のスーツの質はやはり学校によってカラーがあります。学校説明会は様々な保護者が参加するとはいえ、そこでも違いはありますし、その雰囲気はその後6年間続いていくことになります。そういう意味でP．105、106も参考にしてください。

以前、「もう入試ってお金がかかって本当に大変。面接用にハロッズでスカート買ったんですよ。高かった！」とウキウキ話されている方がいらっしゃいました。買い物が受験期のストレス発散になるならば、精神安定剤的に購入されるのもありかもしれませんね。

◎面接の結果が合否につながる慶應

ほとんどの学校で、ほぼ合否とは関係のない面接ですが、**例外なのが、「慶應湘南藤沢（SFC）」「慶應中等部」（ともに共学）**です。これには私も非常に辛い経験があり、慶應を志望されるご家庭には、「点数は最大限上げていきますが、面接までは責任を取れません」と毎年お伝えしています。

この2校は、1次は筆記で、そこで合格した子のみ2次の面接に進めます。特に中等部の1次は女子にとって最難関であり、8割以上は取らないと通過できず、皆死にもの狂いで勉強します。

もともとよくできる子だったSちゃんは、お母様も非常に熱心に問題研究されていました。中等部の過去問で「公園のベンチは、災害非常時にどのように利用できるか」等という問題が出たことから『東京防災』（都内各家庭に配られる防災ハンドブック）にもたくさん付箋をつけていらっしゃったほど。「8割で合格ならば9割を目指そう！」を目標に、実際9割まで取れる年も出てきました。

3年間にわたるハードな勉強に耐え、無事に2月2日のSFC1次、2月3日の中等部1次を通過したSちゃん。地に足のついた、非常に教育理念のしっかりされたご家庭で、面接前夜にお父様が熱を出すというハプニングはあったものの、面接当日はきちんとした服装で臨まれました。

◎中等部、SFC、両方が面接で不合格に

しかし結果は、まずSFCの面接で不合格。

SFCは面接で4割近くが落とされます。しかし「SFCと中等部とどちらも面接で落とされたという話は聞いたことがない」という同業者たちの話を糧に、祈るように中等部の発表を待ちました。

が、こちらも面接で落とされてしまったのです。補欠すらもらえませんでした。

1次で落とされたならば「力不足だった」と振り返ることができます。しかし、こちらはどのように結論づければよいのでしょうか。

この時の虚脱感は、私も初めて味わうもので、不合格だった時の「悔しい」「残念」という気持ちは一切湧き起こりません。Sちゃんのこの3年間の頑張りとその成果をあっさりと否定されたことに、もう何の感情も湧きませんでした……。

慶應はよく「家柄を見ている」などと言われますが、一言でいえば自己主張の強い家庭を嫌うようです。もちろん、面接で猫をかぶって合格してしまえばこちらのものかもしれませんが、**P.93でお話しした大学入試の総合型選抜のように〝本人にやりたい事がある〟という意欲などで合否を出しているわけではない、という割り切りと覚悟は必要です。**

57 子どもへの合否の伝え方は慎重に

親御さんたちによく相談されるのが、「1日、2日の合否を伝えたほうがいいですか?」というもの。まず**基本的なスタンスは「合格発表の日時は知らせない」のが賢明**です。

次いで、知らせるタイミングはお子さんのタイプにもよりますが、

- **「合格していても、していなくても、すべての試験が終わるまで言わない」と言いつつ、合格していたら即伝える**
- **合格していたら即伝えるが、不合格の場合は、次の試験が終わってから伝える**

というのが、子どもが前向きに入試に向かえる形かと思います。

もちろん、「毎回合否をきちんと伝えるね」というのもありです。まずは夫婦で、次いで必要であれば親子でどうするか、事前に話し合っておきましょう。

◎ 子どものダメージを最小限に

しかし、「合否は伝えない」ということにしていても、どこも合格が取れていなければ伝えざるを得ません。例えば、

・2月1日午前　A校受験／午後　B校受験
・2月2日午前　C校受験／午後　（B校がダメだった場合）B校受験

というような場合です。これだと、B校が合格していたら再受験はないが、ダメだった場合は再受験せねばならないので、本人に不合格だった旨を伝え、気持ちを切り替えて受験に臨む必要があります。

この半日が親にとっては一生分にも相当する辛い期間です。

伝え方も色々ですが、E君のお母様は子どもに、「実は残念だったんだ。なんだか悔しいから、もう一回チャレンジしよう！」と伝えました。子どものダメージを最小限に食い止めるために、考えに考え抜かれたのが伝わり、「このように言おうと思います」とご連絡いただいた時は思わず涙が出ました。

ただ、嘘はいけません。

Fちゃんのお母様は、A校一般コースが不合格だったのを知り、前向きな気持ちで再チャレンジしてもらおうと「合格していたけれど、特待にチャレンジしよう！」と、再度A校の門を子どもと一緒にくぐりました。

するとFちゃんが「合格発表、張り出されているんでしょ？ 見てくる！」と走り出そうとしたのです。

そこで動揺したお母様が「行かなくていい！ 不合格だったんだから!!」と思わず叫んでしまい、Fちゃんは大きくショックを受けた状態で入試会場に入っていきました……。

お母様のお気持ちもわかりますが、**たとえ子どもの気持ちを思ってであったとしても、合否に関する嘘はご法度です。**

58

「1校合格」と「全滅」は天と地の差

お父様に多いのですが、たまに「うちの子には、落ちてもいいから、A校とB校しか受けさせない」と言う方がいらっしゃいます。

しかし、お子さんは何年もの間「合格」を目指して必死に勉強をしてきました。ですから、**少なくとも1校は「合格」を手にすることが達成感を持つために必要です。**

「1校合格」と「全滅」の間には、親御さんには予想もつかないほど大きな溝がありま す。「全滅」となってしまうと、親子ともに「どれだけ努力してもダメなんだ」「やっても無駄なんだ」という低い自己肯定感と厭世観、「こんな事なら受験しなければよかった」「時間を返して欲しい」と過去を悔やむ気持ちに苛まれます。

「頑張っても、どうせダメだ」と我が子が思い込んでしまうほど、辛いことはありません。

当たり前のことですが、お子さんの人生は中学受験がゴールではありません。

第一志望の合格、不合格にかかわらず、**その後の人生のプラスになる受験でなければ、**

お子さんの将来に繋がる受験でなければ、意味がないのです。

◎自分の努力のものさしにもなる

入試本番は何があるかわかりません。学力的には確実、余裕なはずの学校でも不合格になることは珍しくありません。とはいえ、1校でも合格すれば、自分のしてきた勉強が本番で発揮できた、という事実と自信になります。

その意味でも、必ず1校は合格が取れるような学校選びと日程の組み方をしてあげて下さい。

そして何より、その結果をどう受け止めるかで長きにわたる中学受験の意味合いが全く変わってきます。**お子さんが新しい気持ちで中学校生活を迎えられるよう後押しすることが中学受験生の親としての最後の任務**です。

地元の公立中学に進学することになったYちゃんは、お父様が中学受験総括のパワポを作り、家族で反省と激励をし、次の一歩を踏み出しました。

ぜひ、家族の強い絆をお子さんに見せてあげてほしいと思います。

教え子の何人かは、私の指導から巣立ってもよく連絡してきてくれます。そんな中の一人、Nちゃんは節目、節目で会いたいと言ってきてくれますが、その節目は必ずしも良い時だけではありませんでした。

◎教え子Nちゃんとお姉さんの中学受験、その後

小学生時代、Nちゃんは成熟度が低く、落ち着いて勉強に向かうのが難しい、指導するのが大変な生徒でした。なんとか大逆転して第一志望に合格しても「勉強する気が全く起きない」とアイドルの追っかけに夢中になる始末。お母様から、高額なチケットやグッズのお金をどう工面しているのか怖くて聞けない……と相談を受け、再びNちゃんに会うようになりました。会うたびに、声優だ、執事カフェだと何かしらお金のかかることに没頭し、「学校がつまらない」「私には存在価値がない」と言い続けていました。

しかし高校3年生になって彼氏ができ、バラ色の頬を取り戻したNちゃんは「彼に見合

う女性にならなきゃ！」と前向きに勉強を始め、大学の推薦合格を勝ち取りました。お母様と私が「もし彼氏と別れてしまったら……」と戦々恐々としたのは言うまでもありません。その後、彼とは別れましたが、超高倍率の外資系企業に就職し、社会人として頑張っています。

このNちゃんにはお姉さんがいます。お姉さんのほうは、小学校時代、ほとんど勉強せずに最難関中学に合格。万能感を持った彼女は、中高時代は親の言うことに一切耳を傾けずに好き放題して、親子関係、姉妹関係共に最悪となり、お母様は「合格してしまったのが失敗だった……」と嘆いていらっしゃいました。彼女は結局、二浪して中堅大学に進学。いわゆるエリートコースから外れました。

しかし、それまで親をアゴで使い、お金をせびっていた彼女が、急に「法科大学院のお金は自分で貯める」と居酒屋でバイトを始め、専門学校に通い始めました。

今、Nちゃんもお姉さんも自分の居場所を見つけ、生き生きと日々を送り、家族にも笑顔が戻りました。

とはいえ、これから先も二人はたくさん壁にぶつかり、人生を嘆いたり世を恨んだりするのでしょう。その度にお母様は右往左往されるでしょうが、それが親なんですよね。

◎ 中学受験の意味づけは振り返る時点で異なる

毎年、色々なご報告を頂きます。

「一度は中学受験を断念しましたが、再奮起し、何と第一志望に合格しました！」

「第一志望の学校でしたが、合わなくて高2で辞めました。来月から留学します」

「中学受験では良い御縁を頂けず地元の公立中学に進学しましたが、3年前は到底手の届かなかった最難関校に合格しました」

「第三志望の中高一貫校に通っていた息子が、今年東大に合格しました。ようやく私の中で中学受験が終わりました」……etc。

どれも、中学受験の渦中、あるいは入試が終わった時点では、親子ともに予想すらしなかった現実です。中には「大逆転」と呼べるものもありますが、社会に出てどうなるかは、まだ誰にもわかりません。

中学受験の結果に対する意味づけは、振り返る時点で全く異なります。毎年2月に「結果を受け止められない」をテーマとしたオンライン相談会を開催していますが、そこに参加される親御さんの苦悩と葛藤に一つとして同じものはありません。

しかし、子どもの人生は続き、これでおしまいになるわけではありません。どういう意味を持つのかも、親と子ども、もちろん兄弟姉妹でも全く異なります。「大逆転」がいつやってくるのかは、誰にもわからないのです。

私は常に「中学受験をするからには、やって良かったと思えるものにしてほしい」とお伝えしています。それは良くも悪くも「あの時があるから今がある」と振り返ることができる、という意味です。すぐには難しくても、いつかそう思えれば、それは価値のある中学受験であったと言えるのではないでしょうか。

学校を選べるのは、中学受験に挑む子どもたちの特権です。より自分らしくいられる志望校を選び、実際はどの学校に進学することになっても、自分の足で立ち、自分らしさを見つけられる6年間にしてほしいと切に思います。

そのために良き友達や師と出会えることを、第一志望に合格すること以上に強く願っています。

最後になりますが、本書に掲載しました校風マトリクスは「ＳＣＨＯＯＬ」編集長の吉田玲呪様、弊社指導部長の富田佐織先生、青山麻美先生、山下典子先生、そして算数と国語マトリクスは上野尚子先生、小盛真澄先生、金子香代子先生、高橋かおり先生の協力なしには作り得ませんでした。

多様化する受験の実情については、知窓学舎塾長の矢萩邦彦先生に色々と教えて頂きました。入試と重なる多忙な時期だったにもかかわらず、快くお力添えくださいまして本当にありがとうございました。

そしてダイヤモンド社の井上敬子様、実例として登場してくれたたくさんの受験生とそのご家族の皆様に、心より感謝申し上げます。

２０２４年４月

安浪京子

巻末特典

過去問マトリクス

算数 処理力マトリクス

国語 読解文章量マトリクス

国語 記述量マトリクス

関東と関西を中心に全国の人気校の
過去問を分析しました。
詳しい見方は第4章をご覧ください。

1問あたりの時間 → 長い

3.1〜3.5	3.6〜4.0	4.1〜4.5	4.6 以上
筑波大附駒場			
聖光学院　開成		渋谷教育学園幕張	
渋谷教育学園渋谷			
麻布　早稲田　駒場東邦	西大和学園(東京)		
早大学院　市川		武蔵	
慶應普通部	早稲田実業		
明大明治			
青山学院			
世田谷学園			
暁星　巣鴨			
開智			
	関東学院		
	静岡聖光		

分析しています。(一部2024年、2021〜2022年の問題も入っています)。
・偏差値は、四谷大塚の2024年入試結果Aライン80偏差値を元に作成しています。なお関東以外の学校でも東京会場の偏差値しか分からない学校はこちらのシートに記載しています。

巻末特典 # 算数　処理力マトリクス

【男子／関東】

短い ←

偏差値	1.0〜1.5	1.6〜2.0	2.1〜2.5	2.6〜3.0
			筑波大附	栄光学園
65			慶應中等部、慶應湘南藤沢	
		浅野		海城
				広尾学園
			東邦大東邦	
60		東京農大第一、立教新座	芝、サレジオ学院	
			東京都市大等々力(S特選)	昭和秀英、本郷
			栄東	北嶺(東京・名古屋)
			中央大附横浜	東京学芸大附世田谷、逗子開成、中央大附、明大中野
			桐朋、立教池袋、攻玉社	法政第二
55			青山学院横浜英和、函館ラ・サール(東京)	法政、学習院、城北、開智日本橋、芝浦工大附
				三田国際(IC)、東京都市大付
			大宮開成、専修大松戸	芝浦工大柏、高輪
		神奈川大附、公文国際学園	帝京大、青稜	明大八王子
		鎌倉学園、成城学園	山手学院、成城	麗澤(AE)
50			國學院久我山、成蹊、桐蔭学園	
			茗渓学園、森村学園	獨協、日本大学
			東洋大京北、桐光学園	
	湘南学園		日大豊山、かえつ有明、日大藤沢、佐久長聖(東京)	西武文理(選抜)
45				
		千葉日大第一		
			浦和実業(特待)	穎明館
			桜美林、星野学園、佼成学院、城北埼玉	
			藤嶺藤沢	獨協埼玉、城西川越
40				自修館
			春日部共栄	
35				

□…男子校　◯…共学校

・縦軸に偏差値、横軸に算数の入試問題の1問あたりにかけられる時間をプロットしました。赤で着色されているところが平均です。
・入試問題は2023年の問題を中心に分析しました。複数回受験できる場合は特に指定がない限り、1回目の標準的なコースのものを

1問あたりの時間 → 長い

3.1〜3.5	3.6〜4.0	4.1〜4.5	4.6以上
		渋谷教育学園幕張	
渋谷教育学園渋谷			
市川 雙葉 洗足学園	早稲田実業		
青山学院			
明大明治 鷗友学園	白百合学園		
		学習院女子	
開智			
大妻 横浜雙葉			
	関東学院		
	光塩女子学院		
大妻多摩 日大豊山女子			

巻末特典 算数 処理力マトリクス

【女子／関東】

短い ←

偏差値	1.0〜1.5	1.6〜2.0	2.1〜2.5	2.6〜3.0
			桜蔭	
70			筑波大附、慶應中等部	
	女子学院			豊島岡女子
			慶應湘南藤沢	
65			浦和明の星	広尾学園
		吉祥女子	フェリス女学院	
		東京農大第一	東邦大東邦	
			東京都市大等々力(S特選)、栄東、東洋英和女学院、頌栄女子学院	昭和秀英
60				中央大附
	立教女学院		中央大附横浜	東京学芸大附世田谷
			香蘭女学校、淑徳与野	法政第二
			青山学院横浜英和	法政、開智日本橋、芝浦工大附
55			成蹊、大宮開成、専修大松戸	芝浦工大柏
		成城学園、公文国際学園、神奈川大附	恵泉女学園、帝京大、青稜	山手学院、明大八王子、三田国際(IC)
			山脇学園、品川女子学院	
		田園調布学園	湘南白百合	麗澤(AE)
		共立女子	日本女子大附、横浜共立学園、森村学園、桐蔭学園、国府台女子	茗溪学園
50		富士見	東京女学館、普連土学園、國學院久我山	
			東洋大京北、晃華学園	日本大学
	湘南学園	千葉日大第一、三輪田学園	佐久長聖(東京)、かえつ有明、大妻中野(アドバンスト)	西武文理(選抜)
			昭和女子大附	
		鎌倉女学院		清泉女学院、実践女子学園
45			カリタス女子	
			日大藤沢、桐光学園、桜美林	穎明館、不二聖心
		女子美大付	星野学園、跡見学園、浦和実業(特待)	
		神奈川学園		獨協埼玉
			春日部共栄、江戸川女子	自修館
40		女子聖学院、捜真女学校		十文字
			聖園女学院、横浜女学院(A2アカデミー)	
35				

□…女子校 ▢…共学校

1問あたりの時間 ―――→ 長い

3.1〜3.5	3.6〜4.0	4.1〜4.5	4.6以上
灘(2日目)			灘(1日目)
海陽(特別給費)		東大寺学園	
	甲陽学院		
滝　洛星 高槻			
智辯学園和歌山　六甲学院　広島学院			
高田		同志社国際	
	三田学園		

分析しています。(一部2024年、2021〜2022年の問題も入っています)。

・偏差値は、日能研の2024年入試結果R4偏差値を元に作成しています。

巻末特典 **算数　処理力マトリクス**

【男子／関西＆その他の地方】

短い ←

偏差値	1.0〜1.5	1.6〜2.0	2.1〜2.5	2.6〜3.0
70				
				西大和学園
65			久留米大附	
				洛南(専願)
				大阪星光学院
				ラ・サール
60				東　海
			須磨学園 清風南海(特進)	
			白　陵	
55				
		東山Bユーリカ 福岡大付大濠		立命館(B-AL)
			帝塚山(S理専) 同志社香里	名　古　屋
			早稲田佐賀	
			立命館宇治Ⓑ	愛　光 須磨夙川
50			西南学院 明星(特進)	関西学院 南山男子 青雲
			清風(理Ⅲ)	海　陽
			同志社 雲雀丘学園	
		奈良学園(特進)		立命館守山(A2)
45		済美平成	甲南(フロントランナー) 愛知	土　佐
			関大第一	岡山白陵
		関大中等部		開明(理数)
			滝　川	
			関大北陽	
40		常翔学園	大阪桐蔭(英数)	啓明学院
		片山学園(関西)		清教学園(S特Ⅰ)
	近畿大附(アドバンスト)		土佐塾	
				桃山学院(進学)
35		岡山B(難関)	報徳学園(Ⅰ進)	

□…男子校　⊂⊃…共学校

・縦軸に偏差値、横軸に算数の入試問題の1問あたりにかけられる時間をプロットしました。赤で着色されているところが平均です。
・入試問題は2023年の問題を中心に分析しました。複数回受験できる場合は特に指定がない限り、1回目の標準的なコースのものを

1問あたりの時間 → 長い

3.1〜3.5	3.6〜4.0	4.1〜4.5	4.6以上
四天王寺(医志)			
高槻	神戸女学院		
滝			
智辯学園和歌山			
高田 ノートルダム清心②		同志社国際	
	三田学園		

算数 処理力マトリクス

【女子／関西&その他の地方】

短い ←

偏差値	1.0〜1.5	1.6〜2.0	2.1〜2.5	2.6〜3.0
70				
				西大和学園
65			久留米大附	洛南(専願)
			南山女子部	
60				
			清風南海(特進)、須磨学園	
			白陵	
55				同志社女子(WR)
		福岡大付大濠	帝塚山(S選専)	
			同志社香里	立命館(B-AL)
			愛知淑徳、早稲田佐賀	立命館守山(A2)、関西学院
	ノートルダム清心①		立命館宇治Ⓑ	須磨夙川、愛光
50			西南学院	青雲
			同志社、雲雀丘学園	
		奈良学園(特進)	神戸海星	
			親和(SS)	
45		済美平成	愛知	土佐
			関大第一	啓明学院、岡山白陵、開明(理数)
		関大中等部、帝塚山学院		
			滝川(SG)	
		広島女学院	関大北陽	
40		筑紫女学園、常翔学園	大阪桐蔭(英数)、金城学院	京都女子(藤華)
		片山学園(関西)		清教学園(S特I)
	近畿大附(アドバンスト)		土佐塾	
				桃山学院(進学)、甲南女子
35		大阪女学院、岡山B(難関)		
			大阪大谷	
		京都聖母		

□…女子校 ⊂⊃…共学校

標準 → 文章多

	D (8,001～10,000字)	E (10,001～12,000字)	F (12,001～14,000字)	G (14,001～16,000字)
		開成		
	渋谷教育学園幕張			聖光学院
			麻布 渋谷教育学園渋谷	
	早稲田 西大和学園(東京)	栄光学園 駒場東邦 筑波大附		
	武蔵	市川	慶應湘南藤沢	
	慶應普通部 海城		浅野	
			広尾学園	
	東京農大第一③	明大明治		
	サレジオ学院 芝 立教新座			
	昭和秀英		本郷 青山学院	
	北嶺(東京・名古屋)	栄東		
			中央大附横浜	中央大附
	桐朋	法政第二 攻玉社 青稜		
	城北	法政 学習院 青山学院横浜英和		
		東京都市大等々力(特選) 東京都市大付		
	開智 大宮開成 公文国際Ⓑ 帝京大 かえつ有明(1日特待)	明大八王子 山手学院	専修大松戸	
	成城	鎌倉学園		
	成蹊 桐蔭学園			
	茗溪学園	森村学園		
	桐光学園 東洋大京北			
	日大藤沢 日大豊山			
	千葉日大第一			
		浦和実業(特待)		
	桜美林	佼成学院		
		城西川越		
	自修館			

分析しています。(一部2024年、2021～2022年の問題も入っています)。

・偏差値は、四谷大塚の2024年入試結果Aライン80偏差値を元に作成しています。なお関東以外の学校でも東京会場の偏差値しか分からない学校はこちらのシートに記載しています。

巻末特典

国語　読解文章量マトリクス

【男子／関東】

文章少 ←

偏差値	A（4,000字以下）	B（4,001～6,000字）	C（6,001～8,000字）
		筑波大附駒場	
70			
65		慶應中等部	早大学院
		早稲田実業	
			東邦大東邦
60			
		逗子開成	
		神奈川大附　明大中野	東京学芸大附世田谷
		世田谷学園	立教池袋
55		巣鴨	暁星　芝浦工大附　開智日本橋
			三田国際(IC)
			芝浦工大柏　高輪
		江戸川取手(難関大)	
			麗澤　成城学園
50			國學院久我山
		獨協　星野学園(理数)	
			日本大学　湘南学園Ⓑ
		関東学院	
45			
			穎明館
			城北埼玉
			獨協埼玉
40			
			春日部共栄　藤嶺藤沢(2科)　西武文理
35			

□…男子校　◯…共学校

・縦軸に偏差値、横軸に国語の入試問題の読解の文章量（文字数）をプロットしました。赤で着色されているところが平均です。
・入試問題は2023年の問題を中心に分析しました。複数回受験できる場合は特に指定がない限り、1回目の標準的なコースのものを

標　準 ――――――――――――→ 文章多

D（8,001〜10,000字）	E（10,001〜12,000字）	F（12,001〜14,000字）	G（14,001〜16,000字）
渋谷教育学園幕張	桜蔭		
	筑波大附	渋谷教育学園渋谷	
女子学院　豊島岡女子 洗足学園	市川	慶應湘南藤沢	
		広尾学園　青山学院	浦和明の星
フェリス女学院　東京農大第一③ 東洋英和女学院　頌栄女子学院 昭和秀英	吉祥女子　明大明治 鷗友学園 東京都市大等々力(特選)　栄東		
			中央大附
立教女学院 淑徳与野	法政第二　青稜(1B)　香蘭女学校 法政　青山学院横浜英和	中央大附横浜	
成蹊　大宮開成		専修大松戸	
公文国際Ⓑ　帝京大　大妻 品川女子学院　かえつ有明(1日特待) 湘南白百合　田園調布学園 桐蔭学園　茗溪学園	明大八王子　山手学院 山脇学園　横浜雙葉 恵泉女学園②　国府台女子 森村学園		日本女子大附
富士見		普連土学園	
東洋大京北 晃華学園　三輪田学園　千葉日大第一 昭和女子大附 実践女子学園　清泉女学院	鎌倉女学院		
	カリタス女子		
日大藤沢　桐光学園 桜美林 神奈川学園 自修館	浦和実業(特待)		
十文字			
日大豊山女子			

国語 読解文章量マトリクス

【女子／関東】

文章少 ←

偏差値	A（4,000字以下）	B（4,001～6,000字）	C（6,001～8,000字）
70		慶應中等部	
		早稲田実業	
		雙葉	
65			
		白百合学園	東邦大東邦
60		神奈川大附	
		学習院女子	東京学芸大附世田谷
			芝浦工大附、開智日本橋
			三田国際(IC)
55			開智、芝浦工大柏
		江戸川取手(難関大)	成城学園
			麗澤(AE)
		共立女子	横浜共立学園
50		星野学園(理数)	東京女学館、國學院久我山
			湘南学園Ⓑ、日本大学
		関東学院	大妻中野(アドバンスト)
45			光塩女子学院②
			穎明館
			横浜女学院、跡見学園、女子美大附
			獨協埼玉
			春日部共栄、西武文理、江戸川女子
40		捜真女子学校	女子聖学院
			聖園女子学院
			大妻多摩
35			

□…女子校　⊂⊃…共学校

標　準 ——————→ 文章多

D（8,001〜10,000字）	E（10,001〜12,000字）	F（12,001〜14,000字）	G（14,001〜16,000字）
灘（2日目）			
西大和学園（県外）	海陽（特別給費） 西大和学園（県内）		
久留米大附　甲陽学院（2日目）			
大阪星光学院	洛南（専願） 愛　光		
滝	東　海		
高　槻 智辯学園和歌山　六甲学院	白　陵		函館ラ・サール
同志社香里　名古屋 早稲田佐賀	立命館（B-AL）		
南山男子　帝塚山（英数）　明星（特進）			
佐久長聖 雲雀丘学園 奈良学園（特進）	海陽（一般）		
愛　知			
関大第一 開明（理数） 三田学園			
常翔学園		大阪桐蔭（英数）	
桃山学院			

分析しています。（一部2024年、2021〜2022年の問題も入っています）。
・偏差値は、日能研の2024年入試結果R4偏差値を元に作成しています。

巻末特典 **国語　読解文章量マトリクス**

【男子／関西＆その他の地方】

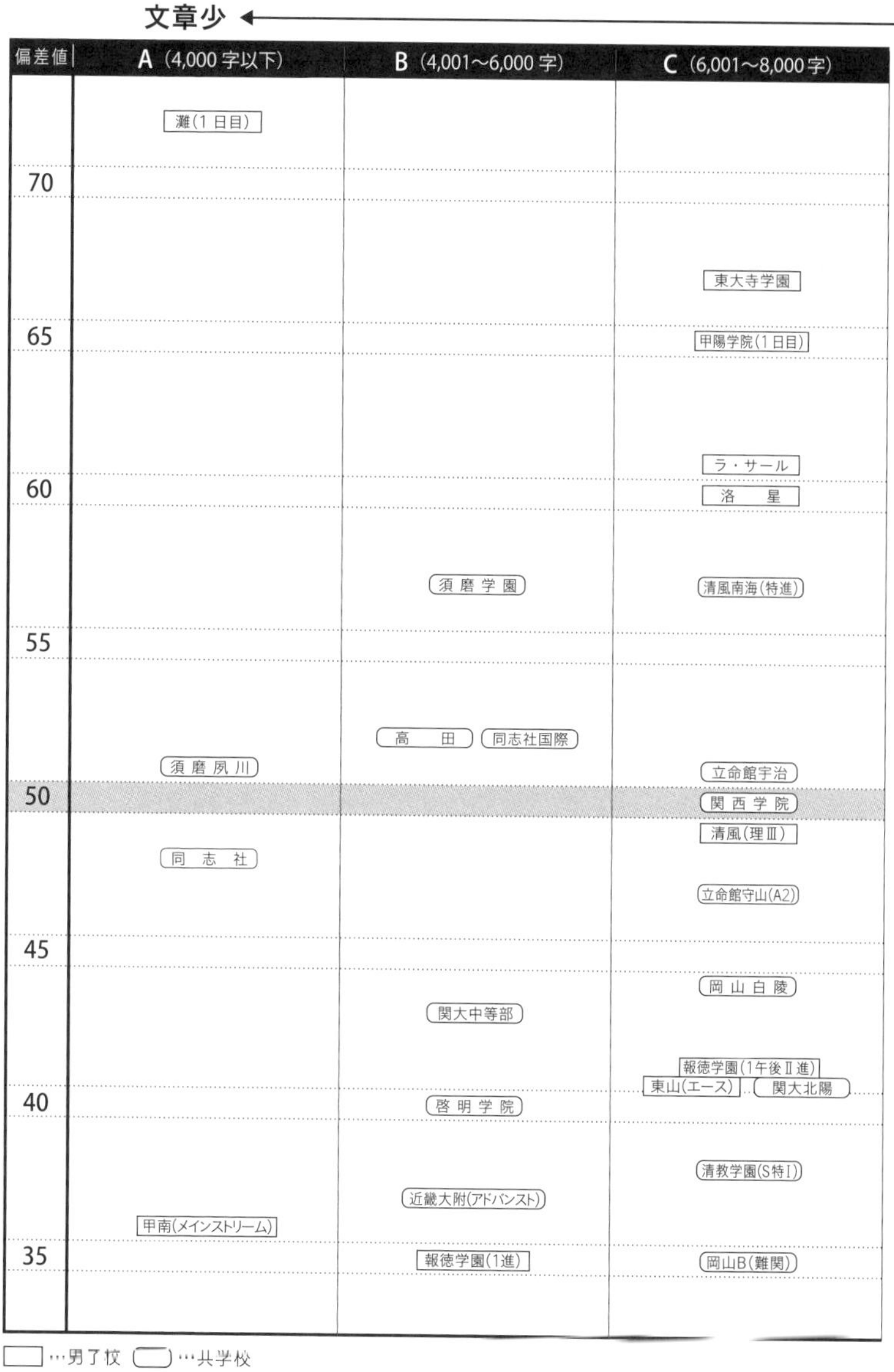

・縦軸に偏差値、横軸に国語の入試問題の読解の文章量（文字数）をプロットしました。赤で着色されているところが平均です。
・入試問題は2023年の問題を中心に分析しました。複数回受験できる場合は特に指定がない限り、1回目の標準的なコースのものを

標　準 ──────────→ 文章多

D (8,001～10,000字)	E (10,001～12,000字)	F (12,001～14,000字)	G (14,001～16,000字)
西大和学園(県外)	西大和学園(県内)		
久留米大附	洛南(専願)		
高槻 神戸女学院	南山女子部		
滝			
智辯学園和歌山	白陵	四天王寺(英数)	
同志社香里 早稲田佐賀　愛知淑徳	立命館(B-AL) 愛光		
帝塚山(英数専)			
佐久長聖 雲雀丘学園 奈良学園(特進)	神戸海星	同志社女子	
愛知 開明(理数)　関大第一 三田学園 大阪大谷(医進)			
常翔学園　京都女子(藤華)		大阪桐蔭(英数)	
桃山学院(進学)	甲南女子		
	京都聖母		

巻末特典 国語 読解文章量マトリクス

【女子／関西&その他の地方】

文章少 ←

偏差値	A（4,000字以下）	B（4,001～6,000字）	C（6,001～8,000字）
70			
65			
60			
		須磨学園	清風南海(特進)
55			
			関西学院
		高田　同志社国際	立命館守山(A2)
	須磨夙川	ノートルダム清心	立命館宇治
50			
	同志社		
45			
		啓明学院	岡山白陵
		関大中等部	
			清教学園　関大北陽
40			金城学院
		近畿大附(アドバンスト)	
			帝塚山学院(Vプルミエ)
35			岡山(B難関)　大阪女学院　親和(探究)

…女子校　…共学校

標　準 → 記述多

E（301～400字）	F（401～500字）	G（501～600字）	H（600字以上）
	開　成	筑波大附駒場	
	渋谷教育学園幕張		
西大和学園（東京） 駒場東邦　栄光学園			麻　布
		武　蔵	
明大明治			
	芝		
神奈川大附	桐　朋		
暁　星			
三田国際（IC）			
	成　蹊		

分析しています。（一部2024年、2021～2022年の問題も入っています）。
・偏差値は、四谷大塚の2024年入試結果Aライン80偏差値を元に作成しています。なお関東以外の学校でも東京会場の偏差値しか分からない学校はこちらのシートに記載しています。

国語　記述量マトリクス

【男子／関東】

記述少 ←

偏差値	A（記述なし）	B（1〜100字）	C（101〜200字）	D（201〜300字）
70				聖光学院
			渋谷教育学園渋谷	
		早稲田、筑波大附		
65		慶應中等部	早大学院	慶應湘南藤沢、市川
		慶應普通部	浅野、海城、早稲田実業	
			広尾学園	
	東邦大東邦	東京農大第一③		
60		立教新座	サレジオ学院	
		本郷、青山学院	昭和秀英	
			逗子開成、栄東	
			北嶺(東京・名古屋)	
	中央大附	中央大附横浜	明大中野、東京学芸大附世田谷	
		立教池袋、攻玉社、青稜(1B)		世田谷学園、法政第二
			青山学院横浜英和、法政	
55				巣鴨、城北、芝浦工大附
			開智日本橋、学習院	
		東京都市大付	東京都市大等々力(特選)	
		大宮開成	芝浦工大柏、専修大松戸、高輪	開智
	明大八王子	江戸川取手(難関大)、山手学院、帝京大	公文国際Ⓑ、かえつ有明(1日特待)	
		成城、麗澤、成城学園	鎌倉学園	
50		國學院久我山、桐蔭学園		
		星野学園(理数)	森村学園、獨協	茗溪学園
		湘南学園Ⓑ	桐光学園、東洋大京北、日本大学	
		日大豊山	日大藤沢	
			関東学院	
45				
		千葉日大第一		
		浦和実業(特待)		穎明館
		桜美林、城北埼玉	佼成学院	
			城西川越、獨協埼玉	
40			自修館	
		西武文理	藤嶺藤沢(2科)	春日部共栄
35				

□…男子校　◯…共学校

・縦軸に偏差値、横軸に国語の入試問題の記述問題の文字数をプロットしました。赤で着色されているところが平均です。
・入試問題は2023年の問題を中心に分析しました。複数回受験できる場合は特に指定がない限り、1回目の標準的なコースのものを

標準 → 記述多

E（301〜400字）	F（401〜500字）	G（501〜600字）	H（600字以上）
	渋谷教育学園幕張		
			桜蔭
	女子学院		
		雙葉	
	洗足学園		
明大明治			
			鷗友学園
神奈川大附			
			学習院女子
三田国際(IC)			
	成蹊		
品川女子学院		横浜雙葉	
普連土学園			
昭和女子大附			
		清泉女学院	
カリタス女子			
			女子美大附

巻末特典

国語 記述量マトリクス

【女子／関東】

記述少 ←

偏差値	A（記述なし）	B（1〜100字）	C（101〜200字）	D（201〜300字）
70		慶應中等部、筑波大附	渋谷教育学園渋谷	
			豊島岡女子	
			早稲田実業	市川、慶應湘南藤沢
65		浦和明の星、青山学院	広尾学園	
	東邦大東邦	白百合学園、東京農大第一③		フェリス女学院、吉祥女子
			東京都市大等々力(特選)	
			昭和秀英、栄東	東洋英和女学院、頌栄女子学院
60	中央大附			
		中央大附横浜	東京学芸大附世田谷	立教女学院
		青稜（1B）	香蘭女学校	法政第二、淑徳与野
			青山学院横浜英和、法政、開智日本橋	芝浦工大附
55		大宮開成	芝浦工大柏、専修大松戸	開智
	明大八王子	江戸川取手(難関大)、帝京大、成城学園、山手学院、大妻	公文国際Ⓑ	
			かえつ有明(1日特待)	山脇学園
	湘南白百合	麗澤（AE）	田園調布学園	
	国府台女子	桐蔭学園、共立女子、横浜共立学園	森村学園	恵泉女学園②、日本女子大附、茗溪学園
50		星野学園(理数)、國學院久我山	富士見、東京女学館	
		湘南学園Ⓑ	東洋大京北、日本大学	
		千葉日大第一、大妻中野(アドバンスト)	晃華学園、三輪田学園、関東学院	
		鎌倉女学院		実践女子学園
45				光塩女子学院②
			日大藤沢、桐光学園	穎明館
		桜美林、浦和実業(特待)	横浜女学院	跡見学園
		神奈川学園	獨協埼玉	
		西武文理、江戸川女子	自修館	春日部共栄
40		女子聖学院、十文字		捜真女学校
				聖園女子学院
				大妻多摩
		日大豊山女子		
35				

□…女子校 ◯…共学校

標　準 ――――――――――→ 記述多

E（301～400字）	F（401～500字）	G（501～600字）	H（600字以上）
			灘（2日目）
西大和学園（県外）			
	甲陽学院（2日目）	甲陽学院（1日目）	
ラ・サール			
東海　洛星			
		智辯学園和歌山　六甲学院　白陵	
			高田
明星（特進）		関西学院	

分析しています。（一部2024年、2021～2022年の問題も入っています）。
・偏差値は、日能研の2024年入試結果R4偏差値を元に作成しています。

巻末特典 国語 記述量マトリクス

【男子／関西＆その他の地方】

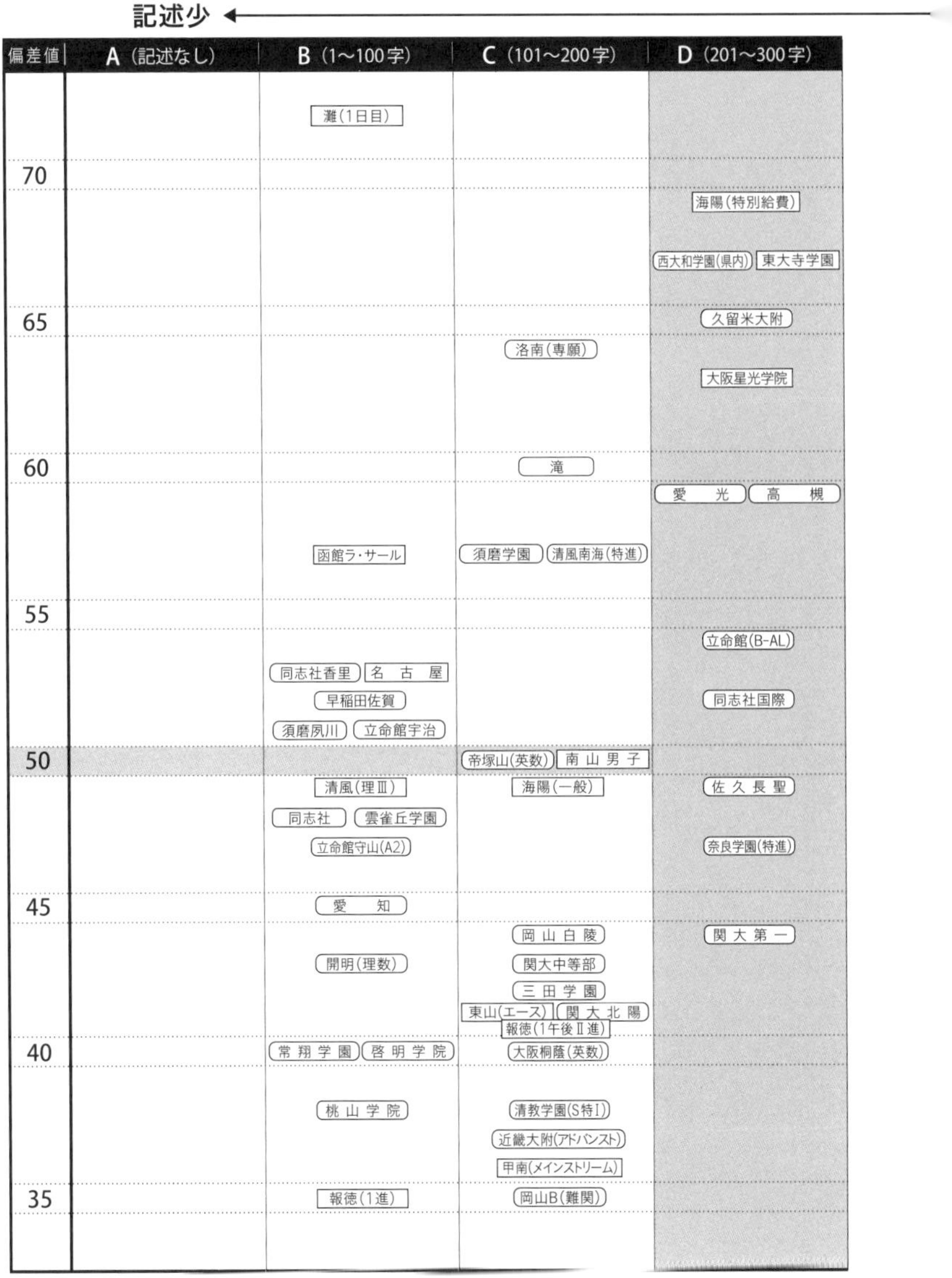

□…男子校 ◯…共学校

・縦軸に偏差値、横軸に国語の入試問題の記述問題の文字数をプロットしました。赤で着色されているところが平均です。
・入試問題は2023年の問題を中心に分析しました。複数回受験できる場合は特に指定がない限り、1回目の標準的なコースのものを

標　準 → 記述多

E（301〜400字）	F（401〜500字）	G（501〜600字）	H（600字以上）
西大和学園（県外）			
	神戸女学院		
		智辯学園和歌山　白陵	
		関西学院　ノートルダム清心	高田

国語　記述量マトリクス

【女子／関西＆その他の地方】

記述少 ←

偏差値	A（記述なし）	B（1～100字）	C（101～200字）	D（201～300字）
70				
				西大和学園（県内）
65			洛南（専願）	久留米大附
				高槻
			南山中女子部	
60			滝	
		四天王寺（英数）		
			須磨学園　清風南海（特進）	
55				
		同志社香里		立命館（B-AL）
		愛知淑徳　早稲田佐賀　立命館守山（A2）		同志社国際
		須磨夙川　立命館宇治		愛光
50			帝塚山（英数専）	
				佐久長聖
		同志社　雲雀丘学園		
		神戸海星		奈良学園（特進）
	同志社女子			
45		愛知		
		啓明学院　開明（理数）	岡山白陵	関大第一
			関大中等部　三田学園	
			関大北陽　清教学園	
			大阪大谷（医進）	
40		常翔学園	大阪桐蔭（英数）　金城学院	京都女子（藤華）
			近畿大附（アドバンスト）	
	帝塚山学院（Vプルミエ）	桃山学院（進学）	甲南女子	
35		大阪女学院	岡山B（難関）　親和（探究）	
			京都聖母	

□…女子校　◯…共学校

本書は２０１８年に文藝春秋より刊行された『中学受験
大逆転の志望校選び —— 学校選びと過去問対策の必勝法55』
をベースに大幅加筆し、情報をアップデートしたものです。

［著者］
安浪　京子（やすなみ・きょうこ）
算数教育家、中学受験専門カウンセラー、株式会社アートオブエデュケーション代表取締役、オンラインサイト中学受験カフェ主宰。気象予報士。神戸大学を卒業後、関西、関東の中学受験専門大手進学塾にて算数講師を担当後、独立。当時の生徒アンケートでは100％の支持率を誇る。プロ家庭教師歴約20年超。きめ細かい算数指導とメンタルフォローをモットーに、毎年多数の合格者を輩出。「きょうこ先生」として、受験算数動画の再生回数は400万回以上。朝日小学生新聞、日本経済新聞、AERAwithKidsなどの各種媒体（紙面／誌面／メルマガ／YouTube／Instagram等）で様々な悩みに答えている。音声配信サービスVoicy「きょうこ先生の『教育何でも相談室』」も話題に。『中学受験必勝ノート術』（ダイヤモンド社刊）他、中学受験や算数に関する著書、連載、コラムなど多数。また、教育業界における女性起業家としてビジネス誌にも多数取り上げられている。

中学受験　大逆転の志望校選びと過去問対策　令和最新版

2024年６月11日　第１刷発行
2024年６月26日　第２刷発行

著　者――安浪京子
発行所――ダイヤモンド社
〒150-8409　東京都渋谷区神宮前6-12-17
https://www.diamond.co.jp/
電話／03･5778･7233（編集）　03･5778･7240（販売）
装丁&本文デザイン――喜來詩織（エントツ）
校正――島月拓／NA Lab.
DTP&図表作成――エヴリ・シンク
製作進行――ダイヤモンド・グラフィック社
印刷――ベクトル印刷
製本――ブックアート
編集担当――井上敬子

ISBN 978-4-478-12040-8